節です。

　当時、非人道的な座敷牢は「精神病者監護法（1900年制定）」によって合法化されていました。呉秀三は、全国にある座敷牢の実態を100年以上前に調べ、その悲惨な状況を克明に記録しました。精神病者になったこと、この国に生まれたことは「二重の不幸」だとして、精神科医療の問題解決に尽力をしました。

　誤解のないように言っておきますが、さまざまな要因によって「ひきこもり状態」になったことを不幸だと言いたいわけではありません。しかし、心を閉ざすしかなかった深い苦しみを理解してくれる人がいないこと、家族も含めて誰ともつながらず孤独であること、住み慣れた地域に支援体制がないことは不幸だと言わざるを得ません。私は、この現状を何とかしたいと考え、実践を続けています。

　この本を通して、ひきこもりに対する正しい知識を持つこと、支援者としての自分に向き合い、支援のあり方について考える機会になること、地域の課題を解決するためのヒントになることを願ってやみません。そして、読者の皆様の支援によって、一組でも多いひきこもり者とその家族に、もう一度、笑顔が取り戻せることにつながれば大変嬉しく思います。

2024年8月　山根俊恵

 目次

はじめに 003

Chapter 1
8050問題ってなに？ 009

- 1-1 8050問題に"遭遇"したときの支援者としてのスタンス 010
- 1-2 ひきこもりってどういう状態？ 012
- 1-3 ひきこもりになる要因 015
- 1-4 8050問題ってどういう問題？ 017
- 1-5 8050問題が起こるプロセス 023
- 1-6 家族にみられる現象 028

Chapter 2
望まれる8050問題への支援体制と課題 031

- 2-1 支援体制の現状 032
- 2-2 関係機関との連携の難しさ 041
- 2-3 伴走型ひきこもり支援システム「山根モデル」 051

Chapter 3
支援者に求められる役割と支援のプロセス 065

- 3-1 支援のポイントと全体像 066

3-2	Point 1	家族とともに揺れながら、寄り添う ――支援者の姿勢 ... 070
3-3	Point 2	家族が生きてきた歴史と関係性の病を知る ――家族の関係性を理解する ... 077
3-4	Point 3	「否定」は孤立を強化することを肝に銘ずる ――家族の思いを理解する ... 086
3-5	Point 4	「孤立」から「社会」につながる接着剤となる ――孤立している家族の状況を理解する ... 092
3-6	Point 5	孤立した家族に「風」を通す役割になる ――親子の関係性の問題を紐解く ... 100
3-7	Point 6	生きづらさ、苦しさを知る ――ひきこもり者を理解する ... 106
3-8	Point 7	本来の親役割を取り戻すことができる支援 ... 116
3-9	Point 8	否定の連鎖を断ち切る支援体制 ――関係機関との連携 ... 119

Chapter 4
事例で考える8050問題への支援のポイント ... 121

Case #1	電磁波攻撃を主張する ひきこもりの息子と家族への支援 ... 122
Case #2	父親の死後のひきこもり者の将来不安 ... 128
Case #3	関係性が希薄化した父娘による母親の看取り支援 ... 134
Case #4	ひきこもり者を理解する。 生きづらさ、苦しさを知る ... 140
Case #5	アルコールに依存する息子と両親の支援 ... 144

Chapter 5
事例分析でわかる
本人・家族とのコミュニケーション ……………… 149

- 5-1　コミュニケーションの違和感・問題を分析する ………… 150
- 5-2　コミュニケーション場面を分析する方法 ………………… 155
- 5-3　事例でみる家族・本人とのコミュニケーション

  Case #1
  「自分を褒めてほしい」と母親に迫る長女への対応 ……… 162

  Case #2
  過去の仕打ちを恨み、親を責める長男への対応 ………… 172

  Case #3
  入浴をせず食事もあまりとらない次男への対応 ………… 182

  Case #4
  生活困窮だが、相談できない母娘への対応 ……………… 192

本書は、雑誌『ケアマネジャー』（発行・中央法規）に掲載した特集（2020年7月号）及び連載（2021年4月号〜2023年3月号）の内容をもとに大幅に加筆修正を行ったものです。

8050問題ってなに？

Chapter 1

Chapter 1-1

8050問題に"遭遇"したときの支援者としてのスタンス

8050問題への戸惑い

　この本の読者の多くは、ひきこもりの支援を専門とする方ではなく、ケアマネジャーやホームヘルパー、地域包括支援センターの職員など高齢になった家族の支援者ではないでしょうか。そして、利用者宅を訪問したところ、その家族に8050問題が潜んでいたという事例が増えて支援に困っている……そんな方々ではないかと推測します。

　もちろん、紹介元から「あの家には、実はひきこもりの子どもがいる」といった事前情報がある場合は、ある程度、予測を立て、配慮しながらかかわることができます。しかし、そうした情報がないまま訪問したところ、なぜか自宅に入れてもらえず、車の中での面接を希望された、同居の子どもの話になると急に話題を変えられる、サービスの導入に抵抗をされるなど、家族の支援者として違和感を覚えながらも「家族の問題に首を突っ込むのは止めよう」と深入りしなかったという人もいると思います。

　一方で、「このまま放っておくわけにはいかない」と思い、家族に向き合い、今後について話したところ、「自分が死んだら、おそらく息子は、母親を殺して自分も死ぬだろう」という言葉が返ってきて、どうすることもできずに途方に暮れてしまったという話を聞いたこともあります。あるいは、これまで高齢者世帯だと思っていたにもかかわらず、入院が決まった時に初めてひきこもりの子どもがいるということを打ち明けられた、訪問時に全く人の気配を感じたことがなかったのでびっくりしたといった場合もあります。

苦しさを理解する支援を積み重ねる

　8050問題に突然"遭遇"した皆さんは、どのようなスタンスでこの問題に向き合えばいいのか？　戸惑うに違いありません。しかし、支援の出発点が「要介護者」の健康や介護問題であったとしても、否応なく家族とその生活が見えてきた時に、個人と同時に家族アセスメントをし、援助しなければならないことはおわかりいただけると思います。**要介護者だけを切り離すのではなく、家族も支援しなければ、問題は解決しないのです。**

　もし、支援者自身が「厄介な家族」と感じたとすれば、それは家族がさまざまな危機的な状況に直面し、苦悩している姿です。支援者からみたら、「親の過干渉が問題」「共依存関係」などと映ることもあるでしょう。しかし、問題解決を急かし、家族に「こうあるべき」と押しつけると、心を閉ざされてしまいます。この意味で、ケアマネジャーをはじめとする利用者の課題を解決するアプローチが逆効果にもなり得ることを、ぜひ知っておいていただきたいと思います。

　私は精神看護のプロですが、私自身も「このままじゃいけない。何とかしてあげたい（課題を解決したい）」という気持ちが先行して失敗したことがたくさんあります。傷つき体験を重ね、自己否定し、人を信じられず、心を閉ざし、長期にわたってひきこもらざるを得なかった人にとって、いきなりやってきた支援者は「脅威」でしかありません。土足で踏み込むようなかかわりではなく、苦しさを理解する支援の積み重ねでしか、冷たく凍った心は解けません。人の心は、ありきたりの上面の言葉ではなく、思いやる心でしか動かないのです。これが長年、家族や当事者の苦悩に向き合い、涙し、些細な変化をともに喜び、寄り添ってきた私のいまの考えです。

Chapter 1-2

ひきこもりってどういう状態？

ひきこもりの歴史

　8050問題を理解する前提として、まずひきこもりがどのような状態かを理解することから始めましょう。

　我が国において「ひきこもり」という言葉が新聞記事に登場したのは、1980年代末から1990年代初頭です。ひきこもりは、不登校の延長や就労の失敗をきっかけに、何年もの間、自宅に閉じこもり続ける青少年を指す言葉としてとらえられてきました。社会的注目を浴びるようになった1990年代後半以降、ひきこもりという言葉とともに、そのイメージが社会に広がっていきました。

　そのため、「学校に行けない」「就労できない」といった「若者の問題」として語られることが多く、思春期の問題、労働政策の問題として支援が考えられてきました。

　その後、ひきこもり状態の人が50代に達すると、親の病気や介護によって一家が孤立したり、生活が困窮したりするケースが顕在化し始めます。そして、80代の親と50代の子を意味する「8050問題」が大きな社会問題として浮かび上がってきました。

ひきこもりの定義

　このような状況をうけ、厚生労働省は2010年に「ひきこもりの評価・支援に関するガイドライン」を公表しました。そのなかで、ひきこもりを「様々な要因の結果として社会的参加（義務教育を含む就学、非常勤職を含む就労、家庭外での交遊など）を回避し、原則的には6カ

月以上にわたって概ね家庭にとどまり続けている状態（他者と交わらない形での外出をしていてもよい）を指す現象概念である」と定義しています。

　ひきこもりというと、部屋から一歩も出ないイメージをもたれることが多いですが、現実には、コンビニなどに行く、近所を散歩する、生きるために仕方なく外に出ている、という人もいます。つまり、**外出できるかどうかではなく、本人が社会と孤立した状態かどうかが、着目する視点**なのです。私はこれまでの研究から、ひきこもりを「さまざまな要因により社会や人と一時的に距離を取った結果、徐々に社会とのつながりがなくなり、家族以外の人、または家族とのコミュニケーションの機会が減ってしまった状態である。さらに、この状態が長期化することで自尊感情が低下し、対人関係能力の低下により社会参加が難しくなった状態である」と定義しています。

　「狭義のひきこもり」「準ひきこもり」は図1-1に示すとおりです。

図1-1 「狭義のひきこもり」と「準ひきこもり」

狭義のひきこもり
自室からは出るが、家からはほとんど出ない状態
※自室から出ない、姿を見せない場合もある

準ひきこもり
他者とかかわらない形での外出ができる状態

50人に1人がひきこもりという現状

　内閣府が公表した「子ども・若者の意識と生活に関する調査（2022（令和4）年度）」の結果によると、15〜64歳の生産年齢人口において推計146万人、つまり50人に1人がひきこもり状態であることがわかりました。また、5人に1人がコロナ禍の影響を理由に挙げ、ひきこもり状態のきっかけを「退職」と答えていました。

　今回の結果から、女性のひきこもりの数が増えたこと、多くは社会に出てなんらかの就労経験をしたのちにひきこもり状態になったこと、就労意欲はあるが職場での傷つき体験が深刻なトラウマとなっている人が多いということが明らかになっています。

Chapter 1-3

ひきこもりになる要因

　ひきこもりになる要因は、いじめや体罰、受験や就職活動の失敗、失業、病気などさまざまです。ひきこもり初期には、過敏性腸症候群や頭痛などの心身症、気分の落ち込み、不安、猜疑心、対人不安、不眠など適応障害の症状が多く出現します（図1-2）。

　また、就労の失敗といった挫折体験から、他人の目に敏感になり、社交不安障害やうつ状態になることもあります。あるいは、そのような状態が長期化することによって、二次的に社会生活を避ける「回避性パーソナリティ障害」や被害妄想を抱く「妄想性パーソナリティ障害」として固定化している場合や、統合失調症などの精神疾患を伴っている場合もあります。つまり、**ひきこもり状態から二次的にさまざまな精神症状が生じたり、ひきこもり状態が、潜在する基礎疾患のカムフラージュになっていたりする可能性もある**のです。

　ひきこもりと関連の深い精神障害には、広汎性発達障害、強迫性障害を含む不安障害、身体表現性障害、適応障害、パーソナリティ障害、統合失調症などが挙げられます。特に発達障害の関連はまれではなく、精神保健福祉センターでのひきこもり相談来談者の調査では、全体の30％弱に発達障害の診断がついたという報告もあります（近藤直司ほか「思春期ひきこもりにおける精神医学的障害の実態把握に関する研究」2010）。

　筆者がひきこもりの相談、家族や当事者支援を行うなかでも、ASD（自閉症スペクトラム障害）の傾向がある人の多さに気づきます。自身が生きづらさを感じているにもかかわらず、誰からも理解をしてもらえずに苦しみ続けている人がいます（110頁）。

　またASDがベースにあり、二次的に統合失調症を発症する場合も

あります。体の病気と違って、精神の病気は見た目ではわからず、どのように感じどう苦しいのかなどは、本人にしかわかりません。まずは「病気」と決めつけずに、かかわりながら観察し、対話をしながら苦悩を理解していくことが大切です。

図1-2 ひきこもりの要因と初期症状

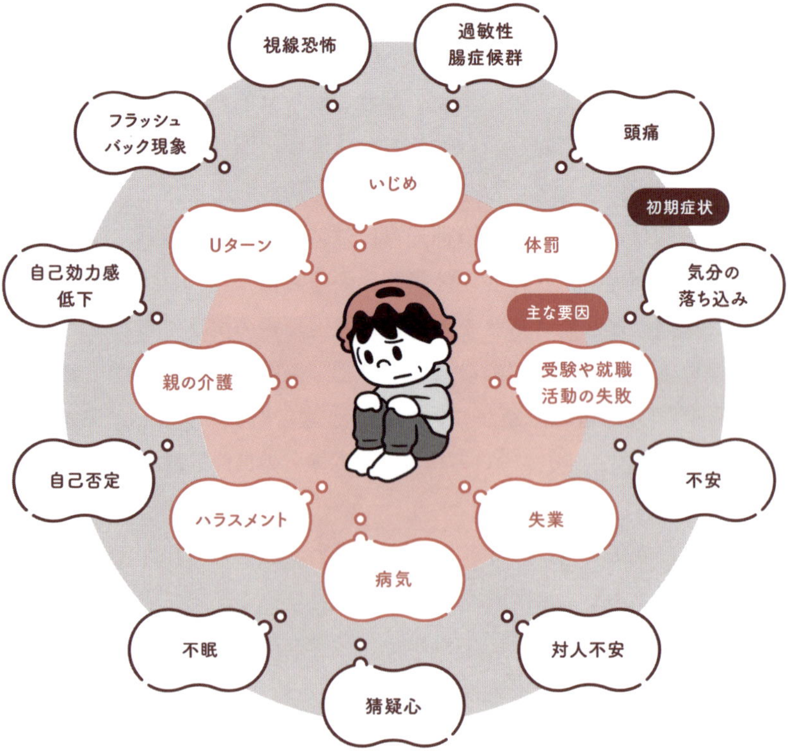

主な要因：いじめ、体罰、受験や就職活動の失敗、失業、病気、ハラスメント、親の介護、Uターン

初期症状：視線恐怖、過敏性腸症候群、頭痛、気分の落ち込み、不安、対人不安、猜疑心、不眠、自己否定、自己効力感低下、フラッシュバック現象

Chapter 1-4

8050問題ってどういう問題?

親の高齢化で"8050問題"が顕在化

　さて、ここからはひきこもりが長期化した先に起こる8050問題について、解説していきます。

　ひきこもりの子どもが家にいたとしても、親が現役で働き、収入がある間は、無収入の子を支えることが可能なため、問題が顕在化することはあまりありません。しかし、親が定年退職を迎え、年金生活になってもなお、子どもの面倒を見なければならず、生活が困窮したり、親自身の高齢化で介護が必要になったりすると、問題は一気に顕在化します。

　また、社会背景的には、バブル崩壊後の就職氷河期に社会に出たロスジェネ世代が40代に突入したことから、"7040問題"として論じられるようになってきた経緯があります。彼らのなかには、厳しいタイミングで就職活動を行い、派遣やパートを繰り返しながら対人関係に悩み、挫折体験を繰り返し、ひきこもってしまった人も少なからず存在します。

社会問題化する8050問題

　8050問題の深刻化は、さまざまな社会問題を引き起こしています。数年前から、「親の遺体遺棄」「親子の餓死」「無理心中」「親子殺人」など、ひきこもりに関連した事件が相次いで明るみになってきました。これらは、ひきこもりの子どもを抱える家族への支援が行き届かず、親子ともに社会から孤立した状況に置かれてきたことの悲しい結末で

す。

　第三者から見れば「問題家族」に見えてしまうかもしれません。家族が抱え込み、支援を拒否し、問題を悪化させていることもあるでしょう。しかし、8050問題は、いきなりやってきたわけではありません。**多くの家族は、「相談機関をたらい回しにされ疲弊した」**のです。そして、家族だけで何とかしようと焦り、一生懸命になればなるほど子どもの心は遠ざかり、事態は悪化し、あきらめるしかなかったのです。

　このような事件は、いま、どこで起きても不思議ではありません。「自分の住む地域でなくてよかった」ではなく、「もし、地域包括支援センターに相談が上がったらどう対応すべきだろう」「親のケアマネジャーだったとしたら、どのような包括的支援ができるのか」「自分の地域に連携先があるだろうか」と考えてみてほしいと思います。

　ひきこもりが長期化している親の不安につけこみ、多額な金額で契約をする「ひき出しビジネス」というものまで生まれ、社会問題化しています。ホームページには「自立のプロ」「就職99％の実績」「多数のテレビ番組に出演」などを掲げ、相談した親に「長期化、高齢化するほど解決が難しくなる」と煽り、契約を迫る手口です。そして、法的権限がないにもかかわらず、本人に著しい私権制限を課すといった管理手法が問題となっています。説得を数時間続けて追い込み、本人の同意なく、拉致・誘拐ともいえる暴力的な連れ出し行為で施設に連れて行きます（図1-3）。

　このような行為を「支援」とは言いません。しかし、これまで相談機関をたらい回しにされ、歳を取り、疲弊した親が最後の手段として藁をもすがる思いで解決を夢見てたどりつくのです。騙される親が悪いのでしょうか、解決のために何もしてこなかった親が問題なのでしょうか。そもそも、そういう目で私たちが見てしまうことそのものが「偏見」であり、生きづらさを抱えているひきこもり者と家族を社

図1-3 ひき出しビジネスとは

1 親が依頼→契約
- このままだと大変なことになると親の不安を煽る
- 多額のお金を親が支払う

2 説教・説得の末、強引に家から"ひき出す"

3 本人の同意なく施設入所させる

入所に付随するトラブルや事故等
- 家族関係の悪化
- 脱水状態で救急搬送
- 移送中に事故死
- 就職後に孤独死
- 抜け出し、自殺

ひき出しビジネスの問題点

名ばかりの「自立支援施設」
- ひきこもりで悩む家族が相談し、支援を依頼する。
- 本人の意思なく契約を結ぶ。
- 暴力的介入によって施設入所させる。
- 監禁・軟禁状態にする、暴言・罵声を浴びせる。
- 「自立が困難」「就職後のサポートが必要」との理由で親に追加費用を請求する。

法的根拠がない
- カリキュラム参加
- 寮生活で自立を支援
- 就労支援

≫ **社会復帰を目指す** ≫ **裁判** 各地で訴訟が発生

会から「孤立」させてしまうのではないかと思います。

「恥の文化」と8050問題

　もう一つ、8050問題が生まれる背景には、この国の文化も少なからず影響しているのではないかと私は思っています。困っているのに「助けて」と言えない、隠そうとするのは「恥ずかしい」といった感情が日本人の根底にあるからではないでしょうか。

　日本では、目立たず控えめが「美」とされ、これに「正義より名誉を重んじる」という武士道の教えも加わって、歴史的に「恥の文化」が形成されてきたといわれています。この文化には良い面もありますが、「人が見ているからやらない」「人が見ていなければ何をやっても構わない」というように「他人の目」が行動を決定する規準になるという負の側面もあります。

　この文化を持つ社会のなかで、家族関係という人に見られたくない部分にひきこもりなどの「不具合」が生じたとき、オープンにして援助を求めることは簡単ではないでしょう。ひきこもり者やその家族を恥の文化が縛っているといえるかもしれません。

　その結果、周りが自分を否定的に見ているのではないかと被害的な感情が強くなったり、行動に自ら制限を加えてしまったりして、生活に支障をきたします。ひきこもり者の「自分は働いていないので、近所の人の目が気になる。ダメな人間だと思われていると思うと外出ができなくなる」というパターンです。親も同様に、「ひきこもりの子どもがいるなんて恥ずかしくて誰にも言えない。知られたくないので、なるべく近隣とはかかわらないようにしよう」などと思ってしまうのです。

正義感が自身の信念や価値観の押しつけになる

　さて、このように追い詰められ、心を閉ざしているひきこもり者や家族に対して、「何とかしなければ」と正義感でかかわろうとする支援者がいたとしたらどうでしょう。正義感の強い人は、問題に真っ向から立ち向かい、困っている家族とひきこもり者を助けようとするでしょう。

　しかし、その正義が相手にとって望ましいかどうかは別問題です。正義感を持った人は、よかれと思ってやっていますが、相手にとってはありがた迷惑といったこともあります。「こうした方がよい」「こうすべき」という主張は、自身の抱く信念や価値観の押しつけになってしまいます。

　日本の恥の文化は、欧米の周りの目よりも自分の良心や正義感に従う「罪の文化」と対置されますが、そうした文化の違いを考慮しない対応といえるかもしれません。それは現状（ひきこもり状態）を否定したアプローチとなるため、「恥ずかしい」「惨め」という感情を刺激し、より一層固執させてしまう可能性が高くなります。心を開いてもらえないのは、こうした私たちの姿勢にも問題があるのではないでしょうか。

　恥じることは、問題ばかりではありません。それによって秩序が保たれ、道徳観や倫理観が重視されるからです。最近の日本では、「恥の文化」は薄れつつあるかもしれません。しかし、昭和に生まれ育った者、そうしつけられた者は、体に染みついていると思います。

　支援者に求められる姿勢やポイントは**Chapter 3**でくわしく述べたいと思いますが、私は8050問題を抱える家族やひきこもり者に向き合うには、何とかしようとする前に、その人の世界を感じ、何が苦しいのか想像することから始めるようにしています。そうしなければ、彼らの心にたどりつけないからです。苦しみの存在をわかった気に

なって、何とかしようとするのではなく、苦しみを抱えてもがき苦しんでいること、そのものを丸ごと受け入れる覚悟をもってかかわります。

　何が正しいのか、そんな答えはどこにもありません。どうしたいのか、最終ゴールを決めるのは本人でしかありません。そのプロセスにどう付き合っていくのかを求められるのが、支援者である私たちです。その否定しない態度が、人として大切に扱われる体験となり、ひきこもり者に人を信じようとする変化が生まれてきます。そして、何があっても逃げずに向き合い続けることが、「この人は今まで自分がかかわってきた人たちと違って自分を見捨てることはない」という安心感につながり、心が動き始めるのだと思います。

Chapter 1-5

8050問題が起こるプロセス

8050問題が起こるプロセス

次に、8050問題が顕在化してくるプロセスについて解説します。

順調に育ったはずの子どもが、ある日突然ひきこもることは、親としてとてもつらい経験です。苦しんでいる子どもの姿を見るたびに親としての無力感に苛まれ、自身を否定されるような気持ちになってしまうのかもしれません。なぜこんなことになったのか、何が間違っていたのか、原因はどこにも見つかりません。自分の育て方に問題があったのだろうか、どうしてもっと早くに気づいてやれなかったのだろうかと次第に自身を追い込み、傷ついていきます。また、唯一の味方であるべきはずの配偶者や親戚からも責められる、相談機関にたどりついたとしても話を聞くだけで、誰もわかってくれない、そんな孤独な日々を何年も続けてきたのだと思います。

おそらく、その心情は誰からも理解されることはなく、ダメな親として否定され続けてきたことでしょう。その癒されない気持ちや親としての否定感情は、ダメな子どもを護ることでしか見出せなくなったのかもしれません。それが、共依存関係（100頁）を強化させ、のちに他者の支援を受け入れられなくなってしまうことにつながるのだと思います。親が現役で働いている間は、このままではいけないと思いつつも「仕事が忙しい」という理由をつけ、現実から逃げてしまうこともあります。「家庭内暴力」など、よほどの困りごとがなければ問題から目を背け、相談は遅れてしまいます。「ひきこもりは一時的なものだろうから、ほっとけばそのうち動き出すだろう」という淡い期待は打ち砕かれ、気づけば月日はあっという間に流れて定年退職を迎

えることになります。ある意味、親としての二度目の危機的状況がここで訪れるのです。

　今度は、これまで見て見ぬふりをしてきた現実を避けては通れません。自宅にいる時間が増え、「働かない子ども」の存在を毎日目の当たりにすることで、家庭内はよりストレスフルな環境になっていきます。ひきこもり始めた頃から何一つ変わっていない、むしろ悪化した現実を知ることになり、その負担は親に大きくのしかかってきます。親は歳をとり、将来どうなるのかと焦り、問題に向き合わざるを得なくなります。そして、事態は次のように深刻化していきます。

親が定年退職を迎える時期

　親が第一線を退き定年退職を迎える時期（概ね60歳前後）に、親が現状に向き合うことができるかどうかが重要なポイントになります。親が高齢になる前に、いま何をすべきかを考える機会やどのように前に進めばよいのかといった支援があるかどうかによってその後の事態が変わると言っても過言ではありません。つまり、ターニングポイントともいえるのではないでしょうか。

　しかし、相談先がない、このままではいけないとわかってはいてもなぜか茨の道を選んでしまう、そして、心身機能の低下とともに親亡き後に残される子どものことを案じて不安になる「7040問題」へと移行していきます。

親亡き後の不安を抱く時期

　親が高齢になり、心身機能が低下すると、これまでの生活が思うようにいかなくなります。親の年金で子の面倒を見ることがいつまで続くのかという不安が芽生え、蓄えた預貯金が少なくなり、経済的な困窮も始まります。これまでは、腫れ物に触るような対応をすることで、子どもの暴力・暴言を次第に少なくし、比較的安定した生活を続けていました。しかし、「後がない」という親の焦りは子にも波及し、子ども自身も追い込まれ不安になります。

　この時期に、最後の力を振り絞って「いつまでも親が生きているわけではない」と子どもに圧力をかけることで、事態を悪化させてしまうこともあるでしょう。このとき「親が死んだら自分も死ぬしかない」「殺してくれ」と言われたらどうでしょう。親亡き後、子どもの面倒はいったい誰が見てくれるのか、一人で生きていけるのかと言った不安がつきまといます。そうすると、「この子を置いて死ぬわけにはいかない」と思いつめてしまうことも容易に想像できます。もう限界だと「ひき出しビジネス」にすがらざるを得ないのもこの時期が多いのではないでしょうか。

生活が破綻し始める時期

　最終的には、親の高齢化に伴い、介護が必要になるなど生活が破綻し始める「8050問題」に突入します。もちろん、これは総称ですから基本的には「9060問題」も同様だといえます。

　子どもがある程度、親の介護ができる場合や介護保険サービス等の利用によって第三者の介入を受け入れられる場合は、包括的ケアが可能となります。しかし、親が子の反応を心配して頑なに拒否をするなど、親子ともに社会から孤立すると、悲惨な事件が起きかねない状況

となってしまいます。

そして、いつかは親の入院・施設入所、死亡によって子どもは一人取り残された生活が始まります。親がいなければ、社会とのきっかけはなく、介入のきっかけすらなくなってしまいます。**こうならないためにも、遅くとも「親が定年退職を迎える時期」までに支援を開始したいものです**（図1-4）。

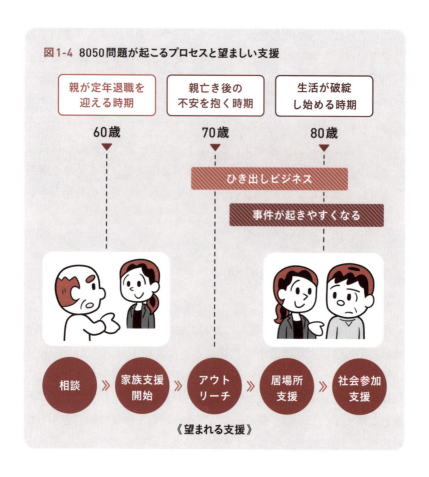

図1-4 8050問題が起こるプロセスと望ましい支援

望ましい支援

　厚生労働省は、介護や病気、ひきこもりなど複数の問題を抱える人や家庭への一体的な対応を目指し、市区町村が一つの窓口で相談を受けられる体制整備を進めることにしました。住民が問題ごとに別々の窓口をたらい回しにされる現状を改め、ワンストップで対応する「断らない相談窓口」の転換を図ることを目的としています。

　支援を必要とする人の60％は問題を2つ以上、34％は3つ以上抱えていると言われています。たとえば、介護が必要な80代の親が、50代のひきこもりの子どもと同居している8050問題に直面しているケースなどは、親と子を引き離して考えるのではなく「丸ごと」支援していこうということです。つまり市区町村が総合相談窓口を置き、関係部署をつなぎ、継続的に支援するという「伴走型支援」を目指すものです。

　このなかで、高齢家族の支援者には、8050問題の身近な発見者となり、まずは親に寄り添う支援を開始することが求められているといえるでしょう。支援体制については**Chapter 2**で詳しく述べます。

Chapter 1-6

家族にみられる現象

　最後に、家庭内に8050問題がある時に、よく見られる現象をまとめておきます。早期の問題の察知、そして支援のスタートのために知っておいてほしいと思います。

支援を拒否する・子どもの存在を隠す

　一つは、以下に挙げるような、支援を拒否したり、子どもの存在を隠したりするという現象です。

- 子どもの存在を隠したり、話題になることを避けたりする。
- 親の支援者に対する子どもの反応を恐れ、介護保険サービスを拒否する。
- 子どもがかわいそうだと感じて、通所サービスを利用しない。
- 子どもからの虐待を否定し、自己を犠牲にしてまでも子どもに尽くす。

　このように、親が自分よりもひきこもり状態の子どもを優先する生活を送っている場合や、子どもに暴力や暴言で支配され、言いなりになっているような場合、**親は子どもがこうなったのは自分のせいだと自身を責めて、子どもに恐怖を抱いたり、あきらめたりして、現実を正しく理解できなくなっています**。そこから、子どもの言動に敏感に反応し、腫れ物に触るような対応をし続ける状況が生まれるのです。
　ここには、DVの被害を受けている家族にも共通する共依存関係が成立しています。第三者から見ると、わざわざ茨の道を選択しているよ

うに見える現象は、このような親子の関係性から起こっているのです。

子どもを人格否定、無視する

一方で、過干渉な親が子どもを支配し続けていることもあります。そのような場合、ひきこもり者は親からモラルハラスメントを受け続け、我慢して耐え、つらい思いをしています。**「お前はダメな奴だ」と人格否定をされたり、無視、無関心といった態度をとられたりして、精神的ダメージを長期間受け続け、心身に深い傷を負っている**と考えられます。その場合に以下のような現象が見られます。

- ひきこもりの子どもが、親から否定され続けることで自尊感情が低下し、心を閉ざしている。部屋から出てこず、全く姿を見せない。生活音もしないといった状態になっていることが多いので、支援者は存在に気づかない。
- 入院や施設入所など、親自身が子どもの面倒をみられなくなった段階になって、ようやくひきこもり者の存在を打ち明けられる。
- 親は「本人の問題だから」とひきこもり者への支援を拒否する。親亡き後のことに触れられると、「自分が死んだら子どもも自殺するだろう」と投げやりな言葉が聞かれる。

これまで、ひきこもりは社会問題として直視されることなく、本人や家族の問題として取り扱い、法制度の狭間でたらい回しにされてきました。そのため家族は抱え込むしかなかったのだと思います。家族の苦悩やひきこもり者の生きづらさを理解しようという姿勢、否定しない態度はもちろんのこと、まずは信頼関係を築くためのかかわりを重ねていかなければ支援のスタートラインに立てないと思います。

望まれる8050問題への支援体制と課題

Chapter 2

Chapter 2-1

支援体制の現状

　本章では、支援のポイントについて解説する前（**Chapter 3**）に、ひきこもり・8050問題への支援体制の現状と望ましい姿、そこに向けた課題について、筆者の考えを確認しておきたいと思います。

　読者である支援者の皆様には、現在どのような状況で支援にあたっているのか確認し、決して万全の体制ではない現状ではありますが、目指すべき方向性について知っていただければと思います。そして、日々の支援に活かすことはもちろん、今後の支援体制づくりにも参画していただければと思います。

ひきこもり・8050問題の支援体制

　Chapter 1-2で、ひきこもりが社会問題になった歴史を説明しました。そのような背景のもと、2006年以降、国は**表2-1**のような支援施策を行ってきました。そして現在、国、都道府県（政令指定都市）、市区町村で、**図2-1**のような支援体制を構築しています。

　2009（平成21）年度から始まった「ひきこもり支援推進事業」は、ひきこもりに特化した専門的な相談窓口として、都道府県、政令指定都市に「ひきこもり地域支援センター」を設置する事業です。2018年4月までに都道府県、政令指定都市67自治体に設置され、2022（令和4）年度からは、より住民に身近な市区町村も設置主体として拡充されました（2023（令和5）年度99自治体）。そして、ひきこもり支援の核となる相談支援・居場所づくり・ネットワークづくりを一体的に実施する「ひきこもり支援ステーション事業」が新たに開始されました（2023（令和5）年度93自治体）。

また、ひきこもり支援の導入として、8つのメニュー（相談支援事業、居場所づくり事業、連絡協議会・ネットワークづくり事業、当事者会・家族会開催事業、住民向け講演会・研修会開催事業、サポーター派遣・養成事業、民間団体との連携事業、実態把握調査事業）から任意に選択し、実施する「ひきこもりサポート事業」による取り組みも開始されまし

表2-1 国のひきこもりに関する支援施策

2006年（H18）	「地域若者サポートステーション」設置 （15～39歳を対象とした就労支援）
2009年（H21）	「ひきこもり地域支援センター」 都道府県・政令指定都市へ整備開始
2010年（H22）	「子ども若者育成支援推進法」施行 **内閣府「若者の意識に関する調査（実態調査）」** **推計69.6万人と発表**（15～39歳） 厚労省「ひきこもりの評価・支援に関するガイドライン」発表
2015年（H27）	「生活困窮者自立支援法」施行
2016年（H28）	**内閣府 実態調査において、推計54.1万人を発表**（15～39歳）
2018年（H30）	**内閣府 実態調査において、推計61.3万人を発表**（40～64歳） 生活困窮者自立支援法改正 ⇒基本理念規定の創設、定義規定の見直し 厚労省「ひきこもりサポート事業」開始
2020年（R2）	厚労省「市町村プラットフォーム設置」要請（地域福祉課長通知）
2021年（R3）	厚労省「重層的支援体制整備事業」開始
2022年（R4）	厚労省「ひきこもり支援推進事業」拡充 ⇒ひきこもり地域支援センター等の設置を市区町村へ拡充
2023年（R5）	**内閣府「こども・若者の意識と生活に関する調査」** **推計146万人と発表**（50人に1人）

出典：厚生労働省社会・援護局地域福祉課「第174回市町村職員を対象としたセミナー ひきこもり支援施策について」p.4をもとに作成

図2-1 ひきこもり支援施策の全体像

市区町村域

ひきこもり支援に特化した事業

Ⅰ ひきこもり地域支援センター
①相談支援、②居場所づくり、③地域のネットワークづくり、④当事者会・家族会の開催、⑤住民への普及啓発等を総合的に実施

Ⅱ ひきこもり支援ステーション
ひきこもり支援の核となる①相談支援、②居場所づくり、③地域のネットワークづくり等を一体的に実施

Ⅲ ひきこもりサポート事業
ひきこもり支援の導入として、任意の事業を選択して実施

→ 段階的な充実

重層的支援体制整備事業
地域住民の複雑化・複合化した支援ニーズに対応する包括的な支援体制を構築
属性を問わない相談支援／参加支援／地域づくりに向けた支援　等

市区町村への準備支援（拡充）
新たに支援開始を検討している市区町村の準備費用（実態把握経費、居場所等の拠点の修繕費、備品購入費など）へ手厚く補助　※次年度、センター等の実施が条件

生活困窮者自立支援制度
（福祉事務所設置自治体）

自立相談支援事業
アウトリーチや関係機関への同行訪問、関係機関へのつなぎ　等

就労準備支援事業
就労準備支援プログラムの作成／ひきこもりの方がいる世帯への訪問支援　等

ひきこもり地域支援センターのサテライトの設置
都道府県から市区町村への財政支援と支援ノウハウの継承
※原則2年後に市区町村事業に移行

都道府県（指定都市）域

ひきこもり地域支援センター
相談支援、居場所づくり、地域のネットワークづくり、家族会・当事者会の開催、住民への普及啓発に加えて、市区町村等への後方支援と支援者研修等を総合的に実施する

市区町村等への後方支援	関係機関の職員養成研修	多職種専門チームの設置
		等

← 後方支援 立ち上げ支援

← ❷支援の質の向上

支援体制の現状

Chapter 2 望まれる8050問題への支援体制と課題

> より身近な市区町村域における相談窓口の設置と支援内容の充実を図り、これを都道府県がバックアップする体制を構築

支援イメージ

「多様な支援の選択肢」×「多様な主体による官民連携ネットワーク」

取り組みの幅
- ①相談支援
- ②居場所づくり
- ③地域のネットワークづくり
- ④当事者会・家族会の開催
- ⑤住民への普及啓発

連携機関の幅

多様な取り組みや関係機関の連携を活かして一人ひとりの状況に応じたオーダーメードの支援

精神保健福祉センター・保健所／家族会・当事者会／NPO法人／市区町村／社協／サポステ／その他関係機関

- 民生委員
- 企業、商工会
- 農林水産業
- ハローワーク
- 医療機関
- 教育機関　など

市区町村プラットフォーム

すべての自治体に対して、ひきこもり相談窓口を明確化や市区町村プラットフォームの設置を依頼している

❶社会全体の機運醸成

❸支援者のケア

国

❶ひきこもりに関する地域社会に向けた広報事業
ひきこもり支援シンポジウム、全国キャラバンの開催
ひきこもり支援情報をまとめたポータルサイト運用等

❷人材養成研修事業
ひきこもり地域支援センター職員等を対象とした初任者向け・中堅者向け研修の実施

❸ひきこもり支援コミュニティ（支援者支援）の構築
支援者が抱える悩みの共有や相談できる場などの提供等を通じ、支援者をフォローアップ

出典：厚生労働省社会・援護局地域福祉課「第174回市町村職員を対象としたセミナー ひきこもり支援施策について」p.9をもとに作成

た（2023（令和5）年度120自治体）（図2-2）。

　さらに、都道府県が市区町村をバックアップする機能の強化として、市区町村と連携した、ひきこもり地域支援センターのサテライトの設

図2-2
ひきこもり支援ステーション事業・
ひきこもりサポート事業

> ステーション事業、サポート事業は、2以上の自治体による共同実施も可能

ひきこもり支援ステーション事業（R4～）

必須事業
- 相談支援事業（窓口周知）
  ひきこもり支援コーディネーター（1名以上配置）が、ひきこもりの状態にある本人・家族からの電話、来所等による相談や、必要に応じて訪問支援を行い、早期に適切な機関へとつなぐ。
- 居場所づくり事業
- 連絡協議会・ネットワークづくり事業

任意事業
- 当事者会・家族会開催事業
- 住民向け講演会・研修会開催事業
- サポーター派遣・養成事業
- 民間団体との連携事業
- 実態把握調査事業
- 専門職の配置

ひきこもりサポート事業

ひきこもり支援の導入として、地域の特性や対応状況に合わせて**任意の事業を選択（複数可）**して実施

相談支援事業	居場所づくり事業	連絡協議会・ネットワークづくり事業	当事者会・家族会開催事業
住民向け講演会・研修会開催事業	サポーター派遣・養成事業	民間団体との連携事業	実態把握調査事業

出典：厚生労働省社会・援護局地域福祉課「第174回市町村職員を対象としたセミナー　ひきこもり支援施策について」p.12をもとに作成

置と小規模市町村等に対して財政支援と支援手法の継承を行う事業も創設しました。このように、都道府県の圏域内どこでも支援が受けられるよう平準化を図りながら、市区町村のひきこもり支援体制の整備を促進していくこととしています。

　また、8050問題などの個人・世帯が複数の生活上の課題を抱えており、課題ごとの対応に加えて、これらの課題全体をとらえてかかわっていくことが必要なケースへの対応に向けて、国は社会福祉法を改正して重層的支援体制整備事業を進めています（**表2-2**）。市区町村全体の支援機関・地域の関係者が断らず受け止め、つながり続ける支援体制を構築することをコンセプトに、「属性を問わない相談支援」「参加支援」「地域づくりに向けた支援」の3つの支援を一体的に実施するものです。

　こうした体制整備のきっかけとなる2019年の「地域共生社会推進検討会」の報告書では、**「具体的な課題解決を目指すアプローチ」**だけでなく、**「つながり続けることを目指すアプローチ（伴走型支援）」の2つのアプローチを支援の両輪として組み合わせることの必要性**が強調されています。現在の体制整備の根底にもこの考え方があると言ってよいでしょう。

生活困窮者自立支援制度

「生活困窮者自立支援制度」は、複合的な課題を抱える生活困窮者に対して、包括的な支援を行う制度として施行されました。

　法の施行においては、「生活困窮者の自立と尊厳の確保」と「生活困窮者自立支援を通じた地域づくり」の2つを目標とし、自立相談支援事業、住居確保給付金の支給、就労準備支援事業、家計改善支援事業、就労訓練事業、生活困窮世帯の子どもの学習・生活支援事業、一時生活支援事業が取り組まれています。

生活困窮者自立支援の対象となり得る者として、ひきこもり状態にある人が約18万人（2016年・内閣府推計）いるとされています。親の年金で生活しているひきこもり者とその家族や、親亡き後に収入が途絶え、生活困窮となったひきこもり者の相談が想定されます。

表2-2　重層的支援体制整備事業

包括的相談支援事業（社会福祉法第106条の4第2項第1号）
- 属性や世代を問わず包括的に相談を受け止める
- 支援機関のネットワークで対応する
- 複雑化・複合化した課題については適切に多機関協働事業につなぐ

参加支援事業（社会福祉法第106条の4第2項第2号）
- 社会とのつながりをつくるための支援を行う
- 利用者のニーズを踏まえた丁寧なマッチングやメニューをつくる
- 本人への定着支援と受け入れ先の支援を行う

地域づくり事業（社会福祉法第106条の4第2項第3号）
- 世代や属性を超えて交流できる場や居場所を整備する
- 交流・参加・学びの機会を生み出すために個別の活動や人をコーディネートする
- 地域のプラットフォームの形成や地域における活動の活性化を図る

アウトリーチ等を通じた継続的支援事業
（社会福祉法第106条の4第2項第4号）
- 支援が届いていない人に支援を届ける
- 会議や関係機関とのネットワークのなかから潜在的な相談者を見つける
- 本人との信頼関係の構築に向けた支援に力点を置く

多機関協働事業（社会福祉法第106条の4第2項第5号）
- 市町村全体で包括的な相談支援体制を構築する
- 重層的支援体制整備事業の中核を担う役割を果たす
- 支援関係機関の役割分担を図る

出典：厚生労働省「地域共生社会のポータルサイト」をもとに作成

ひきこもり支援の4段階と現状の課題

　このような体制整備が進んでいる現状のなかで、支援はうまく機能しているのでしょうか。

　ひきこもり支援は、「出会い・評価段階」「個人的支援段階」「中間的・過渡的な集団との再会段階」「社会参加の試行段階」の4段階があり、諸段階を一段ずつ登っていく過程とされています（図2-3）。

　第一次相談窓口の「ひきこもり地域支援センター」では、相談内容によって適切な関係機関と連携を図るとされています。しかしながら、居場所の提供などを行っている支援機関は少なく、つなぎ先がないため、話を聞いて終わってしまうことが多いのも現状です。

　第1段階とされる家族支援は、家族教室、家族会への支援が中心です。家族会は家族のための集まりであり、「本人をひきこもりから救うことが目的ではない」「相談の場ではない」「体験談を主体的に学び取り、成長していく場」とされ、その多くはいわゆる言いっぱなし、聞きっぱなしといった「自由討論型」で、支援者は介入しない形で運営されています。そのため、家族が楽になるといったメリットがある

図2-3 **ひきこもり支援の諸段階**

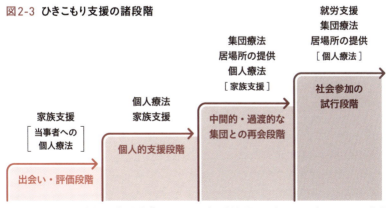

出典：厚生労働省『ひきこもりの評価・支援に関するガイドライン』p.42をもとに作成

ものの、家族関係に変化が見られず、第2段階の本人支援に移行しづらいのが現状です。

　第3段階では居場所支援が重要視されていますが、住み慣れた地域に居場所が存在しないことが多いため、つながることが難しいのが現状です。

　第4段階の社会参加支援においては、就労が重視され、ハローワークや若者サポートステーション、自立相談支援機関などが窓口ですが、ひきこもり支援に特化したものではないため、生きづらさを理解した支援になるとは限りません。

　このように、それぞれの専門機関があるなかで、いったい誰がひきこもり者や家族の伴走型支援を担うことになるのか、という問題が一つあります。家族丸ごと支援の必要性も叫ばれていますが、それぞれの支援に連続性がなく、現時点では不十分な状態と言わざるをえません。

　ひきこもり者を「外出させる」「就労に結びつける」といった派生的な問題に対する支援ではなく、**「家族との関係性を復活させる」といった中核的な問題への支援を強化しなければなりません。**家族が社会から孤立し、ひきこもり者がさらに家庭内で孤立しているのであれば、家族との会話が復活しなければ個別支援への移行は難しいのです。

Chapter **2-2**

関係機関との連携の難しさ

　支援の現状をより詳細に把握するため、筆者は2022年に「ひきこもり当事者と家族を支援する地域支援者の課題——宇部市ひきこもり支援システムの構築に向けて」という調査を行いました。この調査は、筆者が活動する山口県宇部市の関係機関にアンケート調査を行ったものです。結果の一部を以下に示します。

なぜ連携がうまくいかないのか

　連携がうまくいかなかったことを質問した自由記述の回答を分析すると、以下の6カテゴリーと16のサブカテゴリーに分類されました。

カテゴリー #1 家族支援の限界

- **家族が支援者のかかわりを拒否する**

「自宅を訪問して本人と玄関で話をしたかったが、かかわってほしくないと言われた」「市職員の対応に本人が拒否をする」など

- **自己中心的で考えを曲げない家族**

「本人が家族を含め他人の言葉を受け入れる性格ではないことを聞いた」「マイペースな行動はある程度見られた」など

- **本人・家族に困り感がない**

「周囲は困っているが、本人・家族に困り感がない」「他の兄弟も同居していることで親の負担が減った」など

- **キーパーソンの不在**

「血縁者が兄弟のみで、その方との連絡がうまく取れなかった」など

- **家族が躊躇して行動に移せない**

「いろいろ提案したが、もう少し様子を見たいとの意向で、それ以上入り込めなかった」「相談に行くように話したが、その場では了解するも相談に行くことはない」など

カテゴリー #2　ひきこもり者との関係性の構築が困難

- **本人に会えない・会わせてもらえない**

「父親は何とかしてほしいと訴えるが、本人に会わせてくれない」「家族との連携は取れるが、本人とはかかわることが難しくできなかった」など

- **本人との関係づくりが難しい**

「本人から妹がいるからと拒絶された」「関係を築いていくのが難しい。どこかにSOSが出せるところがあればよいと思う」など

カテゴリー #3　相談を受けた後の対応の判断

- **相談先がわからない**

「どこに相談すればよいのかわからなかった」など

- **どこまで対応すべきかの判断ができない**

「学校から相談されたとしても民生委員・児童委員としてどこに対応を求めてよいのか、わからないことが多い」「本人から相談はありましたが、通院されていたので継続を勧めて相談は中断しました」など

カテゴリー #4　さまざまな機関との連携・協働が困難

- **連携が一方向でしかない**

「病院へ状況報告するが、それが伝わっているのか、その後の対処方

法などの連絡が（具体的に）なかった」「行政等につないでもその後の情報が入らず、連携は取れていない」など

- **支援の方向性が一致しない**

「各々が主観で判断し、方向性がまとまりにくい」「連携先との意思疎通がうまくいかず、支援方法について共有ができなかった」など

- **担当者の変更に伴う連携不足**

「相談へ行った際、担当者が不在だった」「かかわっている支援者の担当者が変更となる際に連絡がうまくいっていなかった」など

カテゴリー #5　専門機関の力量不足

- **話を聞くだけで終わった**

「健康福祉センターの対応が冷たかったと聞いた」「精神科の受診や健康福祉センターの難病班に相談を勧めた」など

- **専門窓口の対応に疑問を抱いた**

「精神科の受診を勧め、本人に同行するという話だったが、実際は受診しなかった」「電話で本人と話し、その気がないとのことで先に進まなかった」など

カテゴリー #6　問題解決アプローチの失敗

- **連携先を紹介したがつながらない**

「つないだ先の対応がうまくいかず、本人が動かない」「サービス等の説明もしてみたが、あまり興味を持たれず話が終わった」など

- **就労支援事業所につながらない**

「就労支援機関に同行してつないだがうまくいかず、本人が動かなくなってしまった」「ボランティア清掃の参加を提案した。しかし、就労を目指す人でないと受け入れはしていないと言われた」など

この結果から、次のことが見えてきました。

ひきこもりは、「否認」の病理が基本的にあります。親は、子どもがひきこもっている事実を「ひきこもりではない」と否認し、「その気になればいつでも抜け出せる」と過小評価する傾向があります。家族関係が共依存になりやすいというのも特徴であることから、支援の手を差し伸べても拒否されるなど《家族支援の限界》を感じてしまいます。また、本人が姿を見せない、コミュニケーションがとれないということがあると、《ひきこもり者との関係性の構築が困難》と感じてしまいます。結果として、支援に行き詰まると「家族の問題」と決めつけて見放す。あるいはケアマネジャーの場合、親の生活課題の解決のみで終わってしまうことも多くあります。

自分たちは何をすべきか、どのタイミングでどこと連携を図ればいいのかなど《相談を受けた後の対応の判断》ができないと、適切な支援が開始されません。仮に支援機関につながったとしても話を聞くだけで、《専門機関の力量不足》のために本人・家族を追い詰めてしまうこともあります。本人の生きづらさを理解しないまま、すぐに就労に結びつけようとする《問題解決アプローチの失敗》によっては、さらに支援が困難になってしまいます。ひきこもり支援システムはあっても《さまざまな機関との連携・協働が困難》と感じ、機能していないことがアンケートからはうかがえました。つまり、支援者になり得る人に対して、ひきこもりの正しい知識、支援のあり方などの教育が求められているといえます。

事例から考える他機関との連携

さて、このように難しい他機関との連携について考えていただくため、筆者が実際に経験した事例をご紹介します。他機関との連携について、ここから学び取っていただければと思います。

事例

【対象者】
　70代の母親と30代後半の息子の二人暮らし。息子は高校中退以降、20年間ひきこもり状態。近くに住む90代の祖母（要介護5）の介護のため、祖母宅と自宅を行き来しながらの生活。親戚とは過去にトラブルがあり疎遠。

【相談内容】
　担当ケアマネジャーから、ひきこもりの孫が祖母のショートステイ利用を拒んでいるとの相談メールが筆者にあり、かかわりを開始。

【かかわった機関・職種】
　ケアマネジャー、市障害福祉課、地域包括支援センター、病院（母親の入院中の病院）、居場所支援（筆者運営）、重層型支援事業相談員、市生活保護課、精神科病院、精神特化型訪問看護ステーション

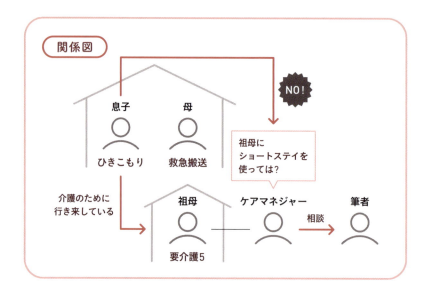

支援のプロセスとポイント

第1段階 本人の主張をもとにしたアセスメント

　担当ケアマネジャーからのメールは、「介護をしていた母親が救急搬送され、意識不明の状態。祖母をショートステイに入れようと思っているが、ひきこもりの孫が『僕が面倒を見るから施設には入れない』と拒否をしている。どうしたらよいか」との内容でした。筆者は、まずは孫が言うように、祖母の介護ができるのかどうかのアセスメントが必要なのではないかと助言しました。

　その後、ケアマネジャーから報告がありました。「訪問看護等のサービスが入っていることもあり、孫の介護で問題なく生活可能であると判断した。しかし、2日後に祖母が亡くなった。これを機に疎遠になっていた母親の妹（叔母）と従兄が支援を申し出てきて、葬儀をす

ることになった」とのことでした。そこで、ケアマネジャーを通して、従兄と本人に葬儀等でひと段落したタイミングで、筆者に相談をしてほしいと伝えました。

第2段階　家族に話を聞き、支援体制を考える

　従兄・本人と面接。従兄は、「祖母が寝たきりになる前に、『認知症』の診断をするために受診を勧めたところ、『認知症ではない。遺産を狙っているにちがいない』と従弟に言われてトラブルになった。また、生活保護の手続きをして受給可能になったが、『車の使用が認められない』と説明を受け、『それなら働くからいい』と言って勝手に取り下げた。しかし、働けずに祖母の年金で生活を続け、話にならなかったので絶縁状態になった。祖母が亡くなり、従弟が一人になったこともあり、今後必要な支援はしたい」と話しました。

　さらに二人から話を聴いたところ、以下のような状況がわかりました。

①祖母20万円、母親6万円の年金で二世帯が生活をしていたが、祖母の死によって経済的困窮が明らかとなった。過去に、生活保護の手続きを勧めた経緯があるが、息子が頑なに拒否をしたため現在に至った。現在は、香典を渡したので、当面の生活は可能とのこと。
②母親の病状は、一進一退。「誰かのためには生きられるが、自分のためには生きられない」と言い、精神状態が不安定。本人が「どうしたらいいかわからない」と（従兄に）頻回に電話をしてきて仕事にならない状態。
③息子は高校生の時にいじめられた経験があり、人が苦手。過食嘔吐、自傷行為（壁に頭を打ち付ける）があるが、精神科の受診歴はない。コミュニケーションが苦手、大勢の人のなかには入れない、独特な

物事の捉え方をする、片づけが苦手、全体を見て物事が考えられないなど、発達障害と思われる特性がある。母親の入院先の病院の医療者やMSWと口論になる。

[**筆者が行ったマネジメント**]
- 母親の病状確認については、「地域包括支援センター」に依頼。息子の不安な気持ちを理解しながら、病院との仲介をしてもらうことにしました。
- 一人でいると不安が強くなると思われるので、息子に筆者の運営する居場所「ひより」への通所を提案。本人も同意したため、従兄同伴にて精神科受診をすることになりました。
- 生活保護の手続き等に関しては、重層型支援事業の相談員を介して生活保護課と連携を図りながら手続きをすることとしました。

第3段階 本人に支援の必要性を伝える

　母親の病状が安定し、元々通院先であった病院の療養型病棟に転院（無料低額診療事業により医療費免除）することになりました。介護保険を申請し、退院を視野に入れた支援をすることにしたのですが、コロナ禍で面会禁止のなか、母親への電話をつなげてもらえないということから看護師と息子のトラブルが絶えませんでした。

　本人の精神科受診については、「発達障害」の診断が出たため、「自立支援医療」の申請に至りましたが、受給者証の発行までには約2カ月かかるとのことでした。

　生活保護の手続きに関しては、何度も話し合いを重ねましたが、相談員の杓子定規なものの言い方に対して、息子の発言は攻撃的になりました。「じゃあいいです。生活保護は受けません」と言い張り、なだめる相談員と生活保護担当者に対し「死ぬからいい」という発言も

ありました。一番のこだわりは「車の使用が認められない」ことで、「自立支援医療受給者証が発行されれば『障害者等』と認められ、一部車の使用が認められる」と説明したものの、「通院以外の使用は認められない」などの説明によって、再び自論を繰り返し、話し合いが中断するという状態が2か月続きました。母親の医療費が免除されているため、6万円の年金で自身は生活ができるということもあって、生活保護の必要性を感じていなかったと思われます。

　この状況に対して、母親の退院の可能性が高まってきたから、介護保険サービス利用の必要性が出てくることを話したところ、生活保護の手続きを進めていくことを了解しました。また、祖母宅は、話し合いで自分たちが相続することになっていると主張していましたが、法律的には認められず、勝手に家を売ることはできません。一方で、自宅はごみ屋敷化し、退院後に生活できる環境ではないこともわかったため、自分たちの家を売却し、祖母宅で生活することにも納得しました。

　さらに、自立支援医療受給者証が発行された段階で、母親の退院の準備を進めていくために「精神科訪問看護」を取り入れ、困っていることを一緒に解決することにしました（生活保護担当者とのやり取り場面での立ち合い、自宅の環境整備など）。

第4段階　求められる継続的な支援

　退院した母親は、要介護1に認定されました。軽度認知症で、糖尿病のためインスリン注射が必要であり、週3回デイサービスと訪問看護（息子が利用している訪問看護ステーション）を利用することになりました。ただ、それにより息子は、母親の介護を理由に居場所「ひより」に通所しなくなり、再び母子の共依存関係が始まってしまいました。生活保護により生活は安定しましたが、月末にはインスタントカ

レーばかりを母親に食べさせるなどするため、母親の血糖値が上昇し健康悪化が進みました。

また、デイサービスのスタッフとのやりとりを被害的にとらえてトラブルに発展することもしばしばで、その都度、訪問看護師の介入が必要になりました。たとえば、連絡ノートの「微熱があるので気をつけてあげてください」という記述に対して、「僕には母の面倒は見られないと言われている。施設に入れようと思っているのではないか。もうデイサービスに行かせるのを止める」と興奮してクレームをつけるのです。

> **まとめ**
>
> ## 母親亡き後を見据えた支援体制を考える
>
> 　現在は、親子で比較的安定した生活を送っています。しかし、母親亡き後のことを考えると、誰かとつながり続けること、家以外に居場所があること、そして就労を視野に入れた支援体制が必要です。ひきこもり者の場合、ケアマネジメント従事者がいないこと、精神科医療につながっていない場合は障害者総合支援法のサービスにはつながらないこと、地域に使える社会資源がないに等しいこと、親子関係が影響しているため、家族支援のほうが重視されるなど支援に難しさがあると思います。**誰がどのように伴走型の支援をするのか、その仕組みが地域にあるのか……などを考える**機会になればと思います。

Chapter 2-3

伴走型ひきこもり支援システム「山根モデル」

「山根モデル」とは

　前項の事例を読まれて、8050問題の支援における他機関との連携や伴走型支援の必要性について理解されたことと思います。次に、筆者が山口県宇部市で行っている、NPO法人ふらっとコミュニティを中心

図2-4 ひきこもり支援の段階と支援システム（伴走型支援山根モデル）

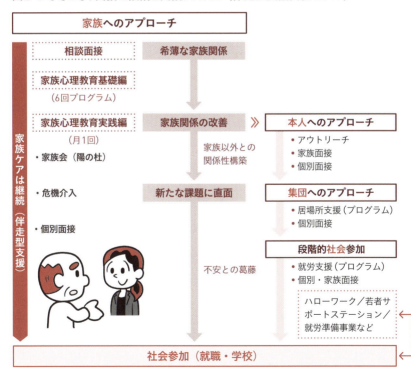

出典：著者作成

とした伴走型支援の取り組み（山根モデル）を説明します（図2-4）。ここには、家族関係やひきこもり者の状態が本当の意味で変化するために必要なことを検討し続けた結果があります。このシステムのもと、2015〜2023年の9年間で、相談数はのべ7,112件、家族心理教育の基礎編修了者は200名、実践編参加者はのべ4,430名となっており、家族支援から居場所支援につながった人数は出せませんが、2023年度でのべ3,369名利用、アウトリーチは25件、そして、14名が訪問看護に、11名が就職・復学につながりました。そういう意味で、8050問題も含む支援体制を考える参考にしていただければと思います。

ひきこもりは、関係性の病で「否認」の病理がその基本にあります。コミュニケーションの悪循環は、親として何とかしようと一生懸命な姿です。「叱責」「小言」「懇願」「攻撃」「距離を置く」「尻拭い」など、親としてできることはすべてやり尽くしています。そして、うまくい

表2-3　山根モデルの特徴

- 家族から相談を受け、他機関につなぐのではなく、第1段階から第4段階まで一体的に支援をすることで伴走型支援を行っている。
- 特に家族支援に力を入れ、家族心理教育（基礎編全6回＋実践編（月1回））の開発によって家族関係に変化をもたらす。
- いきなりアウトリーチ（本人支援）を行うのではなく「希薄な家族関係」から「家族関係の改善」に移行した時点で本人支援を行っていく。その際も家族支援は継続し、家族とともに歩みだしたひきこもり者をサポートしていく。
- さらに「暴力」等によって親が疲弊しているなど危機介入が必要とされる場合は、個別面接でサポートしながら関係機関と連携して解決を図っていく。
- 8050問題においては、地域包括支援センター等からの相談を受けた段階で、カンファレンス等を実施し、スーパーバイズしている。つまり、ひきこもり支援者の支援も行うことで包括的支援体制の構築を図っている。

かないことはわかっていても、延々と同じ対応を繰り返してしまいます。こうして、親が頑張れば頑張るほど、親子の心の距離が遠くなってしまうのです。

「山根モデル」はその前提に立って、まずは家族へのアプローチから始め、次第に本人への支援を開始していきます（表2-3）。

家族相談窓口「聞いて終わらない相談窓口」

相談に訪れる家族は、「相談窓口は話を聞くだけ」「たらい回し」「対応方法を教えてもらえない」と口々に言います。精神疾患の疑いがあると受診を勧められることもありますが、本人が拒否するので連れて行けません。親だけが病院に出向き相談すると、「本人を連れてこないとどうしようもない」と言われ、絶望的な気持ちになったと思う人もいました。

子どもに家庭内暴力があったり、包丁を持ち出したりするような場合は、親は怯え、うつ状態になり、正常な判断ができなくなります。地獄のような毎日に限界を迎え、「この子を殺して自分も死のう」と追い詰められていきます。しかし、子どもが明らかな精神疾患ではない場合、警察に行けば保健所へ、保健所に行けば警察へと言われ、どこにも対応してもらえないことが少なくありません。また、ASDの診断があったとしても「ここでは薬物療法を中心とした治療しかできないので対象にならない」と精神科病院から拒否されることも多いのが現状です。本人が生きづらさを感じて精神科受診を希望しても、クリニックは予約制で3カ月待ちなどと言われ、タイミングを逃してしまうこともよくあります。

相談場面においては、まずは親の苦悩を受け止めることに重きを置きます。生活歴、ひきこもりのきっかけ、家族とのコミュニケーション、発達特性や精神症状の有無などを丁寧に聴きながら、ひきこもり

者の生きづらさ、親子の関係性などのアセスメントを行います（ICAシートを使った分析の際に重要です：159頁）。そのうえで、対応方法を学び合う時間が家族心理教育であることを伝え、家族支援を開始します。多くの家族は、理解者にやっとたどりついた安堵感で涙を流し、子どもと向き合う勇気を持ち、一歩を踏み出します。

家族心理教育基礎編
「子どもの生きづらさを知り、対応を振り返る」

　家族心理教育の基礎編は、全6回（1回2時間程度）のプログラムとなっています。**子どもの生きづらさを理解しながら、親としてよかれと思ってやっている言動を振り返り、自身の思い込みや価値観の囚われ等に向き合う時間です**。「言動には必ず意味がある」「心の声に耳を傾ける」「先回りしない」「適度な距離」「心配だから……を押し付けない」「答えは本人にしかない」ということを意識し、子どもの心の声を

家族心理教育基礎編のプログラム

第1回　ひきこもりのメカニズムや生きづらさを理解しよう
第2回　「対話」のあり方について理解しよう（オープン・ダイアローグ）
第3回　問題と感じる行動（暴力など）を振り返り、
　　　　その対応方法を理解しよう（ICAシート）
第4回　ポジティブなコミュニケーション・
　　　　好ましい行動を増やす方法を理解しよう
第5回　先回りをやめて、子どもとしっかり向き合う方法を
　　　　理解しよう
第6回　これからの対応方法を一緒に考えよう（元ひきこもり者の話）

※3日間集中型とし、1年に2回開催しています

想像し、対応方法について学ぶ時間にします。さらに安全な環境を作ること、個人を尊重したかかわりとは何かについて考えてもらい、参加者で共有していきます。家族が問題と感じている場面においては「対人関係コミュニケーション分析シート（ICAシート）」（153頁）を利用して分析します。なぜコミュニケーションがうまくいかないのか、発達特性を踏まえたうえで子どもの心の声を考えること、どのような悪循環が起きているのか、そして好循環に変えるためにどうすればよいのかを可視化しながら整理していくのが特徴です。図2-5は、感覚過敏（音）に悩まされている子どもが暴れるという場面のコミュニケーションを振り返ったものです。

最終日の振り返りでは「子どもが苦しい思いをしていることが理解できた」「つらくて、話せば涙ばかりだったが、参加して勇気が湧いてきた」「これまでのかかわりは自分が逃れたいだけで、子どものためではなかった」「自分が主体で、子どもの気持ちを考えたことはなった」「トンネルの中にいたが、いくつもの光が射した」という声が聞かれ、憑き物から解き放たれたように親は楽になり、子どもに向き合えるようになります。

家族心理教育実践編
「対話で相手を理解し、心の扉を開ける」

実践編は、月1回行っています。**基礎編で学んだことを意識しながら子どもと適切な距離を保ち、生きづらさを理解したうえで対話をすることを支えます。**暴言を暴言で押さえつけるのではなく、言葉の裏に隠された思いを理解できるようなかかわり方を具体的に指導していきます。

子どもの顔を見れば嫌味を言ってしまい、一般論や価値観の押しつけをしていたのだと受け止めると同時に、親は子どもの心に届く言語

図2-5 暴力の悪循環

子

自分の苦しさが何なのか理解ができず、ただただ苦しい。現実を受け入れるのには、あまりにもキャパシティの余裕がない。次第に感情のコントロールができなくなって、周囲に当たり散らすようになる。しかし、誰からも理解してもらえない。

親

目の前の激しい問題行動に囚われ、その問題を何とかしようとして一生懸命にかかわる親。

※「苦しさ」に焦点を当てたかかわりをすると、問題行動はなくなる

<u>問題となる行動</u>
- 攻撃が**外**に向く：暴言、暴力行為
- 攻撃が**内**に向く：自傷行為、オーバードーズ

ますます「問題行動」が増える

出典：著者作成

に変換することの難しさ、葛藤、焦り、苛立ちといった感情に直面します。今までのかかわり方がよくなかったことを頭では理解できても、実際に行動を変えることは並大抵ではありません。

　しかし、その苦しさを吐き出しても否定されない場だからこそ本音で語り合うことができ、共感されます。具体的にどうしたらよいかという助言をもらえるからこそ、親は変わっていけるのです。親もまた子どもと同様にトラウマを抱え、苦しんでおり、心のケアを必要としているのです。

　何年も部屋から出てこないので顔を見たことがない。生活音も全くしない。ドアの前にそっと食事を置くしかない。これが、いわゆる「お供え」です。このような状態であっても、強引な手口で子どもを連れ出そうとするのではなく、生きづらさを理解した声かけや子どもが動ける環境づくりをし、心の距離を縮めていくことで、子どもが自ら部屋から出てくる体験をしたことがあります。氷のよう凍った心は、温かい心によって必ず解けていくのです。

　そして今度は、家の中でできることを増やし、生きる力の回復を支えていきます。「ひきこもりは心のエネルギーが落ちた状態。エネルギーがたまって動くまで待ちましょう」と指導する人がいます。何もしないで待っていてもエネルギーがたまることはなく、あっという間に10年、20年が経過します。何もしないのは「無視」「無関心」「存在の否定」であり、暴力と同じです。筆者は、動ける環境をつくって、仕掛けて待つことを提案しています。尊重されること、誰かの役に立つこと、理解者が存在することによって自己効力感が高まり、エネルギーがたまって動けるようになるのです。図2-6は、家族心理教育に参加した家族に対して「気持ちの変化」「支援に対する思い」を語ってもらった内容を質的に分析したものです。

図2-6 家族心理教育がひきこもりの家族に与える変化

同じ境遇の仲間と支え合う環境
3カテゴリー（18コード）
- 否定されない、自分らしくいられる場
- 仲間との支え合い
- 家族のエンパワーメント支援

精神的な安心がもたらす家族自身の思考の変化
4カテゴリー（25コード）
- 理解者につながったことでの精神的な安心
- 心の声に耳を傾け対話を広げる
- 子どもとの関係を客観視した行動変容
- 自分中心の対応の気づきと反省

社会に望む支援
4カテゴリー（18コード）
- 親亡き後を踏まえた継続支援
- 見のない社会づくり
- ひきこもり支援体制・施策の充実
- ひきこもり支援者の人材育成

学びがもたらした子どもの変化
6サブカテゴリー（16コード）
- 生きづらさの言語化ができた
- 親子関係の回復
- 適度な距離を保つことができた
- 家族を避けなくなった
- 社会参加へと歩み出した
- 家以外の居場所ができた

専門的な知識の獲得と継続的な学習
4サブカテゴリー（9コード）
- 専門的な知識にもとづいた支援
- 子どもの深い苦しみを理解しようとする姿勢
- 多様性の理解
- 継続的かつ包括的な支援

出典：御手洗みどり，山根俊恵ほか「家族心理教育がひきこもりの家族に与える変化」『精神科看護』第51巻第3号, 46-55, 2024

本人へのアプローチ（アウトリーチ）

　山根モデルでは家族心理教育により、**家族関係が改善をみせた段階で本人へのアプローチ（アウトリーチ）を開始します**。アウトリーチ（訪問支援）は、リーチ・アウト（reach out）という言葉が名詞化さ

れた言葉で、もともとは、「手を伸ばす、差し伸べる」という意味です。

厚生労働省の重層的支援体制整備事業に関する資料によると、福祉分野では、「複雑化・複合化した支援ニーズを抱えながらも必要な支援が届いていない人や、支援につながることに拒否的な人に支援を届ける」プロセスとされています。「支援を届ける」という表現が使われているように、基本的には対象者が望むかどうかは問わず、必要性があれば支援者側から訪問します。「助けて」と言えない人を待つのではなく、こちらから出向いてかかわろうという発想ですが、その際、専門的判断がないと親切の押し売りになるというリスクを伴います。

アウトリーチは、ひきこもり者が家族以外の第三者と初めてかかわる場面です。家族以外とのかかわりは、ひきこもり者にとって誰が何のために来るのか、来る人は敵なのか味方なのかわからないため、大きな不安を抱えているはずです。

一般的に、家族にとって支援者は味方になります。しかし、ひきこもりの当事者側からすると、**敵と感じる家族が連れてきた支援者（家族の味方）は敵であると感じる**のではないでしょうか。しかし、筆者は、アウトリーチを実施して、当事者に会えなかったことは一度もありません。なぜなら家族心理教育によって家族関係が変化した段階で筆者に会ってみないかと提案してもらうからです。**味方である家族が連れてきた支援者は当事者にも味方だと感じてもらえるのです。**

居場所支援「家族以外の人とつながる」

そして、**本人への支援が進むと次に居場所支援につながります**。ふらっとコミュニティでは、ひきこもり者が通える「ひだまり・ひより・ひなた」という3つの居場所を運営しています。居場所には大きく2つの意味合いがあります。一人になりたい時に静かに過ごせる

「個人的な居場所」と、社会や誰かからの必要性や役割を感じることができる「社会的な居場所」です。

　ひきこもり者にとって個人的な居場所は自宅を意味します。しかし、「家にも居場所がない」といった声を聞くことがあります。同居家族から生きづらさを理解されない、否定される、叱責によって追い詰められると、自分が情けなくて何も言い返せない。自分の存在すら認められない、そんな居心地の悪い自宅を居場所だとは感じないと言います。自分自身の安全圏に侵入される感覚を抱くことで心を閉ざし、次第に部屋から出てこなくなり、気配を消します。そうすることで誰からも侵入されない「自分の聖域」をつくり、居場所を確保しているのかもしれません。

　社会的な居場所は、一般的にはその人が心を休めたり、活躍できたりする環境を指します。物理的な場所というだけでなく、心のよりどころや役割を感じられる場所です。しかし、ひきこもり者は社会とのつながりがないため、社会に居場所がありません。また、仮に**居場所が用意されたとしても、人付き合いが苦手な彼らにとって、「行ってみよう」という気持ちになることや、そこに出向くまでのハードルはかなり高い**といえます。そこがどのようなところなのか想像ができないなかで、過去の嫌な体験を思い出し、不安になり、行けない理由を見つけてはいまの安定した場所にとどまろうとします。このままではいけないと思いつつ、不安に押しつぶされ、一歩が踏み出せないのです。そのため、居場所とされる箱物だけをつくればいいわけではありません。まずは第1段階である適切な家族支援をすることで、「個人的な居場所」を確保し、心のエネルギーが貯まったところで「社会的な居場所」へとつながるような働きかけが必要なのです。

　人は誰しも、誰かから必要とされたいはずです。なぜなら、人は人の役に立つことで自分の生きている意味や生きる喜びを見出すことができるからです。人との関係のなかで傷ついた心は、人との関係のな

かでしか治りません。傷つくことから逃げず、自分に向き合えるように支え、コミュニケーションスキルが身につけられるようにかかわっていくことが望まれます。

「ひだまり・ひより・ひなた」は、いつ来ても、いつ帰ってもよいという緩いルールにしています。管理ではなく、自分の意志で行動することを目的としているからです。しかし、「目的がないと行く意味がわからない」という人もおり、その場合は、その人に合わせた個別対応をします。環境に馴染むまでは受け身で、自ら行動することは少ないですが、できる限り自主的に行動できるようにサポートしていきます。

求められる真の伴走型支援

以上、山根モデルについてご説明してきました。現在、国からも求められている「伴走型支援」のイメージが明確になったのではないでしょうか。

伴走型支援が必要な背景には、孤立があります。「助けて」と言えない社会で、どこに相談に行ったらよいかもわからない場合があります。必要な場所や人に「つないでくれる人」や、それを「教えてくれる人」がいないことが問題なのです。さまざまな窓口や仕組みがあったとしても、つながらなければ「無い」のと同じで、何の意味も成しません。もう一つの孤立の意味は、人とのかかわりがない、孤立しているために自分自身を知ることができないということです。自分の現状に気づいていないので問題認識できず、「このままでも大丈夫」と思ってしまいます。つまり、他者性がなく自分の置かれている状態がわからないのです。他者とかかわること、話を聴いてもらうことによって、徐々に自分の状況に気づくことができます。そして、ようやく「助けてほしい」と言うことができるようになるのです。

逆に言えば、人とのかかわりがなく孤立した状態では、危機感を持つことはできません。長い年月のなかで、助けてくれる人もおらず、過去に相談した際に理解してもらえなかったなどのつらい体験はトラウマになっています。だからこそ、「自分で何とかするしかない」「迷惑をかけるわけにはいかない」と親が子を抱え込んでしまっているのです。ひきこもりは、本人の問題、家族の問題という「自己責任論」によって追い込まれたと言っても過言ではありません。**「助けて」と言わないのではなく、「言えない」社会になっているのです。**

　パラリンピックでの、視覚障害のあるマラソン走者の伴走者をイメージしてみてください。困っている人の傍にいて歩調を合わせ、何に困っているのかを察知して方向を示す、走れなくなったときは傍で手当てをする、必要な時に手を差し伸べる、近すぎず遠すぎない存在になっているのではないでしょうか。対象者のことを理解しようとする姿勢、信頼関係がなければゴールに向かって走ることは難しいといえます。対象者の力を信じてあきらめない、解決を焦らせない、アクシデントがあっても慌てない、そんな伴走者が望まれています。

　ひきこもりの長期化、親の高齢化に伴って生きる意欲が低下してしまった場合は、そこから一人で抜け出すことはできません。心のエネルギーをためなければ、意欲が湧くことはなく、生きる意味を見出すこともできません。つまり伴走型支援は、その人がその人らしく生きていくことを意味づけし、その一歩を踏み出していくために、他者とのつながりを応援するものだといえます。そういう意味で「問題解決型支援」とは違い、「つながること」を中心にした支援なのです。

　ひきこもりの子の相談を受けた、あるいは発見した際にしなければならないのは、私たちが「つながること」です。そして、家族の苦悩を理解し、支えること。社会から孤立した家族のなかに風を通す、社会につながる接着剤になる、親としての本来の役割をとりもどす支援が望まれます。さらに、ひきこもり者のよき理解者となり、解決を焦

らず、つながりを広げることが、求められる支援体制といえるのではないでしょうか。

Chapter 3

支援者に求められる役割と支援のプロセス

Chapter 3-1

支援のポイントと全体像

　ここからは、8050問題を抱える家族を支援する際に大切な8つのポイントを解説します。まず、その前提として、最初に大まかな支援の全体像を押さえておきましょう。支援は大きく図3-1の5つの要素から成り立っており、これらは並行しながら進んでいきます。支援の各要素がどのポイントと深く関係するかについても示します。

Point 1　家族とともに揺れながら、寄り添う
　　　　──支援者の姿勢
Point 2　家族が生きてきた歴史と関係性の病を知る
　　　　──家族の関係性を理解する
Point 3　「否定」は孤立を強化することを肝に銘ずる
　　　　──家族の思いを理解する
Point 4　「孤立」から「社会」につながる接着剤となる
　　　　──孤立している家族の状況を理解する
Point 5　孤立した家族に「風」を通す役割になる
　　　　──親子の関係性の問題を紐解く
Point 6　生きづらさ、苦しさを知る
　　　　──ひきこもり者を理解する
Point 7　本来の親役割を取り戻すことができる支援
Point 8　否定の連鎖を断ち切る支援体制
　　　　──関係機関との連携

図3-1 支援の全体像

1. 家族との信頼関係の構築	Point 1-3
2. 家族とひきこもり者のアセスメント	Point 2-6
3. 危機介入の必要性の判断	Point 2, 6
4. ひきこもり者の理解と対話	Point 6
5. 適切な介入	Point 7, 8

1. 家族との信頼関係の構築

　まずは何より家族との信頼関係がすべてのベースとなります。これまでの家族の歴史に耳を傾け、それらを「否定」することなく寄り添う。そうしたコミュニケーションを積み重ねることで、ひきこもりの子どもの存在や悩みなどについて、話し合えるようになります。

≫ **Point 1-3**

2. 家族とひきこもり者のアセスメント

　信頼関係の構築と同時に、支援するうえで大切な項目について情報収集、分析を行います。大きく以下の3つがあります。

❶親の対応と家族関係のアセスメント

　ひきこもり者に親はどのように対応しているか、コミュニケーショ

ンの方法や頻度など
>> **Point 2-5**

❷ **ひきこもりの状態のアセスメント**
ひきこもりに至る経緯、ひきこもり期間、生活状態（昼夜逆転・入浴・食事・掃除・日中の過ごし方）など
>> **Point 6**

❸ **精神症状のアセスメント**
「生きづらさ」が背景にある幻覚（幻聴・幻視・幻嗅・幻味・体感幻覚）、妄想、強迫症状など
>> **Point 6**

3. 危機介入の必要性の判断

暴力・暴言、希死念慮（死にたいと考え、準備や計画すること）、自殺企図（死に至ることを意図した行為で、死に至らなかったもの）など、適宜緊急性を判断し、保健所や警察などの他機関と連携していきます。
>> **Point 2, 6**

4. ひきこもり者の理解と対話

家族との信頼関係の構築が進んでいくと、ひきこもり者とコミュニケーションの機会が増えてきます。そのような時にひきこもり者の置かれた状況を正しく理解し、適切なコミュニケーションを図ることで家族関係の改善につながります。
>> **Point 6**

5. 適切な介入

1.〜4.のプロセスをふまえて、次の3つの介入が行われます。
» **Point 7, 8**

❶個々の家族メンバーへの介入

　家族は集団であるため、家族をケアする際は複数のケア対象者が存在します。要介護者が「父親」であれば、それを支えている「母親」、ひきこもり状態の「長男」といった、家族の構成メンバーの身体状態・精神状態に着目し、ケアを行います。要介護者だけでなく介護を担っている家族の身体状態・精神状態にも着目することが重要です。

❷家族メンバー間の関係性への介入

　コミュニケーションが活発な家族、言い争いが絶えない家族、会話がない家族など、その様子はさまざまです。家族の威圧的な態度や価値観の押しつけによって次第に喋らなくなるなど、家族メンバー同士の関係の悪化によってひきこもりが長期化すると考えられます。そのため、家族メンバーの関係性への介入は重要なポイントです。

❸地域社会へ向けた介入

　家族は、地域社会のなかで生活をしています。そのため、その家族が地域の人々とどのように関係しているかも重要な介入のポイントになります。社会のひきこもりに対する偏見によって孤立している家族、高齢化によって社会につながりにくくなっている家族なども存在するため、多職種の支援者たちとのネットワークが必要とされます。

Chapter 3-2

> **Point 1**

家族とともに揺れながら、寄り添う
──支援者の姿勢

　ここからは、先に述べた支援において大切な8つのポイントを一つずつ解説していきます。

　まずは、支援者としての基本的な姿勢です。場合によっては、日頃の高齢者家族の支援とは違うスタンスが求められることをしっかり理解していただければと思います。

1. 苦悩を受け止め、焦らず、適度な距離を保ちながら理解する

　繰り返しになりますが、ケアマネジャー・ホームヘルパー・地域包括支援センター職員などの支援者は、親の支援を通して、ひきこもり者にかかわることができる数少ない存在です。つまり、こうした支援者がひきこもり支援を理解し、家族に介入することができるかどうかが支援のカギとなります。その第一歩として、まずは信頼関係を構築していきましょう。

　ひきこもり者にとって、家族以外の人と顔を合わせるのは数年ぶりかもしれません。すぐには心を開くことができず緊張したり、このままではダメだと責められるのではないか、自分を理解してくれるだろうかと不安になったりするでしょう。

　一方で、この人なら助けてもらえるかもしれないという期待も持っています。その気持ちがうまく表現できず、「拒否」「拒絶」「暴言」に

なってしまうこともありますが、**支援者は見て見ぬふりをせず苦悩を受け止め、焦らず、適度な距離を保ちながら理解する姿勢が大切です。**

2. 拒否＝不安の表明 求められるストレングスアプローチ

まず押さえておきたいのは、「支援を拒否する・子どもの存在を隠す」「子どもを人格否定、無視する」のどちらのケースであっても、ここで支援者が、このままではいけないと説得したり、サービスありきのアプローチを行ったりすると、ひきこもり者がますますその心を閉ざしてしまうということです。どの支援者にも当てはまる大事なポイントですが、特に、介護保険サービスの提供を考えるケアマネジャーの皆様には注意していただきたいと思います。

ケアマネジメントのプロセスにおいては、困りごとを見つけ（アセスメント）、本人の望みを聴き（生活課題）、解決すべき課題を明らかにし（ニーズ）、サービスの導入によって（ケアプラン）解決へと導いていこうとします。そのため、さまざまな問題によって、サービスを拒否、または支援そのものを拒否された時に、支援者は「自身が否定された」と思ってしまいがちです。

しかし、生きづらさを抱えていて「不安」を言語化できない状態にも陥っている親子に対しては、そのような考え方は支援につながりません。「拒否＝利用者の不安」と受け止め、顕在的ニーズ（自覚している欲求）だけを見るのではなく、潜在的ニーズ（認識していない欲求）にも目を向ける必要があるのです。

つまり、**「問題家族→解決→サービス導入」**といった問題解決アプローチではなく、**「苦悩している家族→理解→信頼関係構築」**によって本来家族がもっている力を引き出していく、**ストレングスアプローチが求められているのです。**

3. 本当の意味での「寄り添い」「見守り」

　高齢家族の支援者に求められるのは、家族支援によって間接的にひきこもり者の支援を行い、適切な「ひきこもり支援機関」につなぐことです。
　しかし、高齢家族の支援者が連携を図りたくても、家族がその必要性を感じなければ、つなぐことはおろか、何も手出しができません。そこでは「寄り添い」「見守り」が求められます。しかし、それはただ何もせず、問題を「放任」「放置」するということではありません。
　途方に暮れ、判断に迷い、苦しむ家族に向き合い、ともに揺れながら、これからどうすればよいかを模索する——それが「見守る」ことであり、そのプロセスこそが「寄り添う」ことであるということを押さえておいていただきたいと思います。

4. 危機的状況にも慎重・丁寧にかかわる

　8050問題を抱える家族の状況は、ちょっとした変化によって危機に陥ります。そんなときにも、これまで述べた姿勢は変わりません。そのことについても、ここで解説したいと思います。
　以下に挙げるのは実際に起きた事件です。「もし自分が担当したらどうかかわるだろうか」「そもそも連携先はあるだろうか」「誰とチームを組み、地域包括ケアを実現するのか」という視点で向き合ってみてください。

> **【事例】50代の三男が、同居する90代の母親と無理心中**
> 　母親と三男、長男の妻の3人が同居する一家。長男は、事

> 件の1カ月ほど前に事故で亡くなり、母親は認知症を患っていたと言われています。長男の妻は朝から仕事に出かけ、デイサービスの職員が母親を迎えに行った際に倒れている二人を発見し、消防に通報。その後、心肺停止の状態が確認され事件が発覚しました。「ごめん」「疲れた」といった趣旨のメモが残されており、ひきこもり状態にあった三男が無理心中を図ったのではないかと判断されました。

　危機理論の礎を築いたキャプランは、危機を不安の強度な状態としてとらえ、喪失に対する脅威、あるいは喪失という困難に対して、そのストレスに対処するためにすぐに使える方法を持っていない時に経験するものと述べています。すなわち、危機状態になると不安を主体とする情動反応が生じて、精神的な恒常性が揺らぎ、精神の安定を保つだけの適切な対応ができない心理状態に陥ることになります。

　そうした危機をうまく乗り越えられれば、困難を克服できたという達成感をもたらし、新しい解決技法を身につけることによって、精神的な強さを獲得することができます。しかし一方で、**危機的な状態に適切なサポートがなく、うまく乗り越えられなければ、病的な精神状態に移行してしまうこともあります。**

　子どもがひきこもり状態になるといった「家族の危機」を乗り越えることがないまま、親の定年退職や介護が必要になる「発達的危機」や、交通事故や死別、災害などの偶然起きる「状況的危機」が重複します。このような危機（表3-1）が発生すれば、事例のような事件につながる可能性が高くなります。

表3-1 子ども・親・親子にとっての危機の例

子どもにとっての危機

・**親の心身機能の低下による介護負担の増強**
　人に頼ることができずに自分一人で介護を行い抱え込んでいる場合や、コミュニケーション障害があり、つらさのSOS発信ができない場合は要注意です。

・**自分なりに頑張っているのに誰からも承認されない**
　親の介護を一生懸命行っているにもかかわらず、もっと頑張れと言われると追い込まれていきます。特に、認知症になった親からひどいことを言われるなど否定されると、たちまち怒りスイッチが入ってしまいます。

・**支援者による否定や一般論**
　「このままではいけない」といった解決ありきの言葉かけや介入は、心のなかに土足で侵入するようなものです。誰からも理解されない、追い詰められたと感じてしまいます。

・**親との別れ（入院・施設入所・死別）**
　自分を理解してくれた親が、がんの末期だと聞かされると予期悲嘆のほか、経済的問題、心理的葛藤など感情が大きく揺れ動きます。親の不在によって生活そのものが困難となり、外出できない場合は餓死する危険性もあります。

親にとっての危機

・**家族の死**
　配偶者の死によって残された親の負担は、これまでの2倍になります。一人の年金で生活しなければならないという経済的困窮も発生します。また、これまでは夫婦で苦悩を分かち合い、支え合ってきたからこそ頑張れたのに、この状態がいつまで続くのかといった不安に苛まれます。

・**自身の病気や心身の衰えの実感**
　この子を残して死ぬわけにはいかないと追い詰められてしまいます。

- 子どもからの暴言・暴力
  いつかは自分ではなく、社会に怒りの矛先が向くのではないかと案じ、正常な判断ができなくなります。

親子にとっての危機

- 親子のパワーバランスの逆転
  これまでは親からモラルハラスメントを受け、我慢していた子どもが、親に介護が必要になることで立場が逆転します。暴力や暴言で解決するコミュニケーション方法しか知らないため、虐待の連鎖が起きてしまいます。

5.「ゆらぎ」と向き合う*

　こうした親と子、そして親子の危機に対して、私たち支援者が何もしないで見ているとすれば、それは見守りではなく、放置や放任、無関心でしかありません。最悪な事態を想像し、いまできることを積み重ね、危機が発生した時は、再アセスメントを行うことで危機的状況の深刻さを見極めなければなりません。そして、多職種連携を図りながらそれぞれが役割を発揮し、チームで見守ることが大切だと思います。

　また、その際には、家族はどうしてよいかわからず揺れています。その揺れに付き合い、支援者自身も一緒に悩みながらともに歩むことが大切です。利用者の暮らしや人生にかかわるなかで、自分の無力さを感じたり、拒絶されて傷ついたり、制度の矛盾に悩んだり、自分の援助は本当にこれでよかったのだろうかと自らを振り返り困惑することもあると思います。そして、それは自分自身と向き合うことになり、悲しみや怒り、不安などの感情が生じ、心の安定が「ゆらぎ」ます。わからなさのなかで自分に向き合い、無力感や限界、現実から逃げず

に支援していくことが現場の力を育てていくことになると思います。自身の揺れにも向き合ってほしいと思います。

　ゆらぎとは、実践のなかで支援者、利用者、家族などが経験する動揺、葛藤、不安、迷い、わからなさ、不全感、挫折感などの総称です。つまり、ゆらぎは、人との関係性のなかで生まれていきます。ところが、サービス優先アプローチの場合は特にゆらぎを見失いがちです。支援者は、人を対象とする限り、さまざまな挫折や葛藤、社会の矛盾や変動とかかわるなかで、迷い、悩み、葛藤します。一方、ゆらぎを変化、成長、再生の契機ととらえる見方も存在します。ゆらぎに向き合うということは、自分自身の危機であると同時に、利用者との関係や自分自身を知る機会となり、自分自身の感情を多面的に見極める力へと変化させる可能性があるといえます。

　しかし、そのゆらぎに直面せずに、否認もしくは回避する方向性に進む危険性もあります。このような場合において、「この利用者や家族はこんな人だから仕方ない」「この人にはこうするべきだ」などと決めつけを行うことで、本質を見ようとせず、かかわりが崩壊する方向に働いてしまうことがあります。また、支援者の一方的な熱意や思い込みによる支援の危険性もあります。すなわち、ゆらぎに直面する力とは、利用者とのかかわりを深める力であり、問題解決の糸口を見つけるきっかけとなり、ひいては支援者として、現場で学ぶ力となっていくと思われます。

　困難を感じていても、その感情を表出することは、支援者として失格であるとする風潮があります。しかし、私たちはかかわりのなかで不安感や危機感を抱きながら、「よい支援をしたい」「利用者の意見を尊重したい」という思いの間でゆらいでいます。それは、対人援助を仕事とする私たちにとって自然なことです。そのため、これらのゆらぎを表出して、感情を整理し、利用者との援助関係を構築することが必要だと思います。

＊参考文献：尾崎新『「ゆらぐ」ことのできる力』誠信書房, 1999

Chapter 3-3

Point 2
家族が生きてきた歴史と関係性の病を知る
―― 家族の関係性を理解する

次に、子どもの「ひきこもり」に対し家族が何を思い、どのような悪循環によって長期化し、今日に至ったのかを考えることが必要です。そのためには、まず、8050問題を抱える家族の関係性に関する一般的な理解が大切です。以下に解説します。

1. 自責とあきらめ

否認は、現実を受け入れることが難しい状況に直面した際に起こります。親子間の共依存関係は、互いになくてはならない存在と感じることが特徴で、ひきこもり状態においては深刻な問題です。ひきこもり者は、経済的・心情的に親に依存しており、母親は「ダメな我が子の面倒を見る母親」という役割に依存しているため、問題意識を持つのが難しくなります。

そして、親は「この子がこうなったのは自分のせいだ」と自身を責め、我が子を抱え込むようにして護ろうとします。すると、さらに親子の距離は近くなり、それにつれて冷静な判断もできなくなって、周囲のかかわりを受け入れられなくなります。これが、相談機関や医療機関への受診行動が遅れる要因の一つとなります。

この状態になるまでに、親たちは親として子どもにできることをすべてやり尽くしていますが、他の方法を知らないため、同じことを

延々と繰り返すしかなく、あきらめの境地に至ってしまっています。

2. 腫れ物に触るような関係性

　こうした関係性のうえに、子どもからの「暴言」「暴力」「物に当たる」などの攻撃的な行動がある場合は、その恐怖から腫れ物に触るような対応となります。場合によっては、暴力でコントロールされ、子どもの言いなりになるしかないと怯えながら生活をしている人もいます。

　こうしたケースは、「虐待」事例として地域包括支援センターなどに上がってくるかもしれません。多くは、親と顔を合わせることを避けるために生活スタイルが昼夜逆転し、ほとんど部屋から出てこない、会話がないといった状態に陥ります。ひきこもりの長期化（図3-2）とともに、親子関係が希薄化した状態で安定していくのです。

　逆に、攻撃的な行動がない場合は、親が問題を認識しにくくなります。「うちの子は何の問題もない、普通の子です」と言い、お互いに差し障りのない会話や生活が定着してしまいます。このような場合は特に、周囲は「親が過保護だから」「親が問題」といった印象をもってしまいがちです。

　どちらにせよ、親子のコミュニケーションは希薄化し、底辺で安定してしまうために長期化し、抜け出せない状態になっていきます。さらに社会から孤立すると、この関係はより強化され、他者の受け入れが難しくなります。

　まずは、この**親子のコミュニケーションパターン、悪循環をしっかり見極めましょう**。長いひきこもり生活のなかで「心を閉ざすしか方法がなかった子の気持ち」を想像してみてください。そして、親もまた「その子にどう接していいかわからない苦しみのなかで身につけたコミュニケーション」をとらざるを得なかったこと、それが結果的に

お互いにとって一番安定している状態であることを理解しましょう。そこに突然現れた私たちのかかわりが、その安定を脅かす存在となるならば、拒否をして当然なのではないでしょうか。支援者として受け入れてもらうためには「存在を脅かす存在」ではなく「家族を丸ごと理解してくれる存在」となるように努力しましょう。

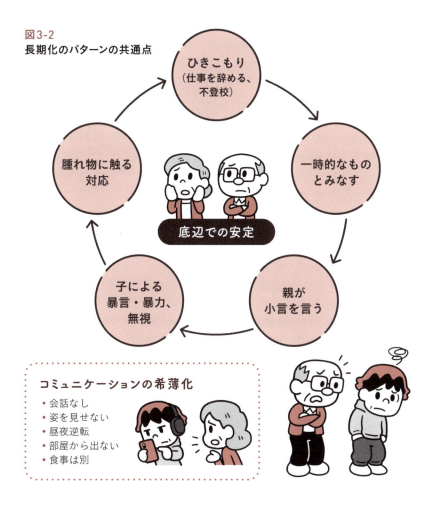

図3-2
長期化のパターンの共通点

3. 家族関係のアセスメント

続いて親の対応と家族関係のアセスメントの内容例を表3-2に示します。家族のメンバーに起きている問題、あるいはその解決方法を、メンバー個人の特性のみで考えず、家族メンバー間の関係性や社会と家族の関係性を含めてとらえていきます。

表3-2　親と家族関係のアセスメント例

親がとっている対応

- この子がひきこもったのは親である自分のせいだと責め、腫れ物に触るような対応をしている。
- この子のことを一番理解しているのは自分だと思い、必要以上に子どもの面倒をみることがやめられない。
- ひきこもり状態である子どもに叱咤激励をし、何とかして働かそうとする。
- 否定的な言葉や態度で子どもを追い詰めている。
  態度：無視、無関心、存在否定、子どもの話を聴かない
  言動：嫌味、一般論や価値観の押しつけ、上から目線、人格否定、
  　　　暴言、暴力
- 過干渉で、自分中心的な態度をとり、子どもの気持ちを考えることができない。

家族関係

- 先回りをして、子どもが動けなくなっている。
  先回りとは、相手より先に物事をしたり、考えたりすることをいう。「子どものため」「この子はこういうことが苦手だから」と本人に確認することなく親が手出しをしてしまうことをいう。
- 差し障りのない話ならできるといった希薄なコミュニケーション。

- 姿を見せない、喋らない、ゴミ屋敷のような部屋で生活している状態。
- 感情のコントロールができなくなった結果、暴力等の問題が絶えず、警察沙汰にもなっている。
- 共依存関係となっている。

4. 家族を一単位として見る

　次に、家族の関係性を理解したうえで、私たちはどうかかわればよいのでしょうか。基本となる「家族支援」の考え方についても、ここで押さえておきたいと思います。

「利用者」を主体としてかかわることが基本とされているケアマネジャーのような支援者は、家族を「背景」として考えがちです。つまり、利用者のことをまず考え、その利用者の家族は二次的なものと位置づける。たとえば、利用者の生活課題を解決するために、家族はどのような役割を果たしているのかと考える傾向があります。そのように家族を見る際には、自分の「家族観」が影響してしまいがちです。目の前にいる家族に、「家族はこうあるべき」といった自分の理想とする家族像を押しつければ、その家族の心は閉ざされてしまいます。

　在宅支援に携わる者には、家族成員の一人である個人を対象とするのではなく、家族を一つの単位として支援する考え方が重要です。なぜ個人だけでなく、家族に焦点を当てる必要があるのでしょうか。それは、家族一人の問題は、家族全体に影響を与えるからです。

　たとえるなら、家族はモビール（mobile）のようなものです。モビールは両端に2つ、そしてその下にも、またその下にもぶら下がり、まるでジェノグラム（家族構成図）のように見えます。モビールは、各要素がバランスを取り安定していますが、何らかの衝撃で一つが揺

れるとその波動で全体が揺れ始めます。家族というのは、良くも悪くも影響し合い、揺れながらバランスを取る力を本来持っているのです。モビールとは直訳すると「可動性のある」という意味ですが、家族も「変化していくもの」だといえます。

5. 関係性を変化させる

　モビールのように、さまざまな要素が関係し合って一つの物として機能しているという考え方を「一般システム理論」と言います。これを家族に応用し、家族をシステムとしてとらえる考え方が「家族システム理論」です。支援の際にはこの考え方を取り入れることが大切です。家族システム理論では、家族のメンバーが互いに関係し合うことで家族が機能していると考えるため、**家族内で生じている問題に対しては、問題と個人に焦点を当てるのではなく、家族を家族成員間、世代間、社会間の相互作用として機能する一つのまとまり＝システムとしてみなし、理解しましょう。**

　では、とらえ方の違いによって支援にはどのような影響が出るのでしょうか。図3-3のように、家族を背景とすると、❶直線的因果律の考え方が生まれます。「親が問題」と考えてしまえば「親を何とかしよう」とし、逆に「ひきこもっている人が問題」と考えてしまえば、「ひきこもり者を何とかしよう」というアプローチになりかねません。そうすると「このままではダメじゃないですか」などという自分本位な言葉を投げかけてしまいます。これは、現状の否定でしかなく、相

図3-3 直線的因果律と円環的因果律

❶直線的因果律（原因→結果）とは

ある結果は、特定の原因によって生じるという考えです。私たちは通常このように考えがちです。

例

[A] 親に問題（甘やかしている）があるから、[B] 子どもがひきこもった。

[A] ⟶ [B]

家族を**背景**ととらえるとこのように考えやすい

---

❷円環的因果律（原因→結果・原因→結果・原因）とは

人間関係や出来事は相互に関連し、影響し合っていると考えます。つまり、ある事実は原因にも結果にもなり得ることを意味し、直線的因果律は円環的因果律の一部でしかないと考えられます。

例

[A] 子どもがひきこもり状態となったため、[B] 親は「いつまでも親は元気じゃないのよ。なぜ働かないの」と叱責した。[C] すると、子どもは反抗的になり暴れるようになった。[D] 親は怖くなり、腫れ物に触るような対応をするようになった。[A] 子どものひきこもり状態が続くようになった。

[A] → [B] → [C] → [D]
 ↑_____|

家族を**システム**ととらえるとこう考えるようになる

手の心は動きません。誰からも理解されない苦しみのなか、さらに心を閉ざし、拒否や拒絶に向かうしかなくなるのです。

一方、家族をシステムと考え、❷**円環的因果律**でとらえると、関係性を変化させる介入につながりやすくなります。たとえば［B］→［C］に着目すれば、親は叱責することをやめて、対話を提案することが可能となります。支援者に求められるのは、このような介入です。

たとえば「これまで親としてできることを精一杯頑張ってこられたということが、よくわかりました。しかし、いまの状態だと親子ともに苦しいまま長期化するばかりのようにも感じます。私たちにご家族のお手伝いをさせてもらえませんか」と、やんわりと家族関係に介入することを提案します。いきなりドアを開けるのではなく、ノックする感じだと思ってください。家族システムに支援者が加わることで風通しをよくし、悪循環に変化をもたらすことができるのです。

悪循環を変えるために、支援者がどのように対応していくかについては、専門的な技術が必要になります。まずは、目の前で起きていること、家族の関係性と悪循環を客観的に観察することから始めてみましょう。そして、自身が家族に介入することで、どのような悪循環からの変化を目指すのか。自身ができるのかの見極めも重要です。そして、**介入する際は、どちらの肩を持つわけでもなく、中立な姿勢でかかわることが基本です**。最悪なパターンは、「親＋支援者VS子ども」といった2対1の関係構図ができあがり、悪循環に発展することです。親とタッグを組んで子どもを怠けもの扱いし、問題を突きつけて、「働け」と子どもを責めるような行為は絶対してはなりません。

7. 危機介入の判断

アセスメントで「家庭内暴力」が確認された場合には、危機介入が必要だと判断されます。特に包丁を持ち出すなど怒りのコントロール

不全においては、事件性を視野に置いたうえで支援体制を検討しなければなりません。

　この場合、連携先として浮かぶのは、警察や保健所、ひきこもり地域支援センターだと思います。幻覚妄想状態による他害行為であれば精神疾患の可能性があるので、早い段階で保健所に相談をしましょう。精神疾患が原因の自傷他害行為がある場合は、精神保健指定医の診断によって入院の必要性が判断されます。

　危険性が高い場合は、警察に連絡します（警察は精神疾患の可能性があると判断した場合、保健所に通報します）。しかし、親が警察への連絡を拒むことがあり、対応に躊躇してしまうこともあると思います。判断を間違ってしまえば、大変な事態になることもあるため、親の心情を優先するのではなく、専門職として判断をすることが大切になります。なぜなら、共依存関係、DVによって、親は正常な判断ができなくなっている場合が多いからです。

Chapter 3-4

Point 3
「否定」は孤立を強化することを肝に銘ずる
―― 家族の思いを理解する

1. 家族の苦悩を理解する

　前項では、家族支援の必要性について理解していただきました。それを踏まえて、次にすべきことは家族の思いを理解し、寄り添うためにどうすればよいかを考えることです。

　まず、肝に銘じておきたいのは、ひきこもりの支援者がやってはならないことは「否定」だということです。**否定には、「このままではダメじゃないですか」「将来どうするのですか」「〜すべきです」といった親に対する説得や助言が含まれます。**仮にこれらが家族のためを思っての言葉だとしても、現状の「否定」であることに変わりはなく、余計に家族を追い込むことになります。初回相談場面で語られることが多い思いを表3-3に示しました。まずは、家族の苦悩を理解しようとすることが大切です。

　これまで順調に育ち、夢や希望を抱いていた我が子が、ある日突然、何らかの要因によってひきこもり状態になるということは、親としては受け入れることができないショックな出来事であったに違いありません。

　「自分の育て方が悪いからこうなったのではないか」という罪悪感と自責感を抱き、誰からも理解されないで現在に至ってしまったことを嘆こうにも、理解者が存在しません。多くの親は、ひきこもり相談窓

口や精神科病院などを一度は訪れています。しかし、話を聞いて終わりだった、あちこちをたらい回しにされたといったことを繰り返し、あきらめるしかなかったのです。

「一緒に死のうかと考えたこともあった」は、無力感による自殺念慮であり、悲嘆反応といえます。悲嘆とは、喪失によって起こる一連の心理過程で経験される落胆や絶望の情緒的体験です。子どもが社会か

表3-3 家族の苦悩

1. ひきこもり状態を直視するまでの長い苦しみ
「自分の育て方が悪いからこうなったということが頭から離れなかった」「一時的なものと思ったら長期化してしまった」「小さい頃は成績もよく、問題なかったのに、どうしてこんなことになったのか」

2. 周囲に理解されない孤独感
「親が甘やかすからと責められた」「夫からもこうなったのはお前のせいだと言われる」「親の苦しみは誰にもわかってもらえない」

3. 相談窓口は話を聞くだけ、一般論でしかない
「どこに相談しても話を聞いて終わり」「大変ですねと言うだけ」「たらい回しにされ、ここが10カ所目」

4. 精根尽き果て、心中を考えた
「もう限界」「一緒に死のうと考えたこともあった」「殺してくれと毎日言われる。殺してあげたほうが本人は楽になれるのではないかと思う」

5. 社会的、身体的、精神的負担
「親の年金での生活は限界」「自分のことで精一杯で面倒が見られない」「何を考えているのかわからない。子どもの心が遠ざかる」

6. 親亡き後の負担
「この子を置いて死ねない」「誰も助けてくれない」「兄弟に迷惑をかけるわけにいかないので親が何とかしなければ」

らひきこもってしまうということは、親としての誇り、理想の喪失体験だといえます。この親の生きづらさを理解しなければ、何とかしたいという支援者の思いは届かないのです。

　ちなみに、親たちは社会全体から不当な評価を受け続けています。「ひきこもりの親」でネット検索をしてみてください。「子どもに甘すぎる」「過保護・過干渉」「間違った価値観やルールを押しつける」「コミュニケーション能力が低い」「考え方が頑なで独善的」などという説明が至るところに見られます。

　しかし、私にはこうした親の姿は「生きる力が落ちた子どもの姿を見続けてきたため、親として護ろうとする」姿に見えます。客観的に見れば、親として行き過ぎた行為もあるかもしれませんが、**これまでどうしたらよいかを誰からも教えられることなく、孤立の先にこうするしかなかったんだという理解が支援者には必要です。**

2. "否定→孤立の構図" にどうかかわるか

　では、そうした親子にどのようにかかわって行けばよいでしょうか。ひきこもり者と親がどのように孤立していくか、当事者の声をもとに考えてみます。

【ひきこもり者の声】
「30代の頃は、まだそのうち何とかなる、いつか働けるだろうと思っていた。頭ではいろいろ考えていても動くことができない、そんな自分がとにかく情けなかった。親に対しても申し訳ない気持ちでいっぱいだった。40代になるとさらに不安、焦燥、絶望感が増してきた。そしてまた悲観的なこと

> ばかり考えて、さらに動けなくなるといった繰り返しで抜け出せなかった」

ここには「対人関係がうまくいかない→社会から否定→親から否定→孤立」という構図が見て取れます。

次に、親はどうでしょうか。

> 【親の声】
> 「子どもがひきこもるということは、母親として今までの自分を全部否定された気持ちで、子どもの将来のことを考えると他人に話すことはできなかった。夫からはお前の育て方が悪いからだと責められ、周囲からは親が問題と責められた。藁をもすがる思いで、相談窓口に行っても話を聞くだけだった。子どもが包丁を持ち出した時には、保健所に相談したが、警察に行けと言われ、警察に行けば保健所に相談しろと言われ、事件でも起こさない限り動いてもらえないことを思い知った。いったい親はどうしたらよかったのか」

ここには「子どもがひきこもる→子どもから否定→周囲の人から否定→孤立」という構図が見て取れます。本人・家族を孤立させない支援が望まれます。

3. 支援者がもたらす正のスパイラル

　そのような支援を展開するにあたって、重要な概念としてパラレルプロセスがあります。この概念は、精神分析理論の「転移」※「逆転移」※に端を発しており、簡単に言うと、スーパーバイザーとスーパーバイジーの関係性が、支援者と利用者との関係性に反映されるという考えです（図3-4）。

　そして、これは支援者と親の関係、親とひきこもり者の関係にも当てはめることが可能です。親が「ひきこもり」を否認しており、そのために起こっていることを正しく見ることができない、他者の助言等を受け取れないなど、思考や判断が正しく機能しない状態に陥り、親子に問題が生じているとします。支援者と親の関係性づくりがうまくいけば、親が落ち着き、ひきこもり者が落ち着くことにつながるのです（図3-5）。

　では、どのように関係性を構築していくことが大切なのでしょうか。繰り返しになりますが、支援者が「このままではダメです」「親としてこうあるべきです」と説教、説得し、一般論を押しつけることは、「否定」でしかありません。そして、それは親のひきこもり者への態度に反映され、「いったい、いつまでひきこもっているの」「あなたのせいで自分が苦しめられる」と責めることにつながり、負のスパイラルを引き起こすことになります。場合によっては正常な判断ができなくなり、将来を悲観し、事件の引き金となってしまう危険性もあります。よかれと思って行う正義感の押しつけが事態を悪化させることを知っておかなければなりません。

　正のスパイラルを引き起こすために必要なことは、まずは家族の苦悩を受け止めること、話を聴くこと、信頼関係の構築です。そうすることで「理解者の存在」「楽になる」「現状を受け入れる」「家族本来の力が発揮できる」といった循環を引き起こします。

図3-4 パラレルプロセスとは

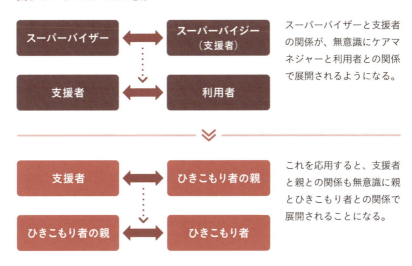

スーパーバイザーと支援者の関係が、無意識にケアマネジャーと利用者との関係で展開されるようになる。

これを応用すると、支援者と親との関係も無意識に親とひきこもり者との関係で展開されることになる。

図3-5 負のスパイラルから正のスパイラルへ

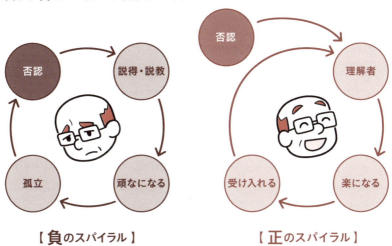

【負のスパイラル】　　【正のスパイラル】

※**転移**：面接過程において、患者が過去に自分にとって重要だった人物に対して抱いた感情を、目前の治療者に向けるようになるということ。
※**逆転移**：治療者側に未解決な心理的問題があった場合、治療場面において、治療者が患者に対して転移を起こしてしまうこと。

Chapter 3-5

Point 4
「孤立」から「社会」につながる接着剤となる
──孤立している家族の状況を理解する

　親・ひきこもり者の思いを理解し、家族の関係性が正のスパイラルをもたらす支援を行っていくと同時に、支援者には孤立した家族を社会につなげ、ひいてはひきこもり者の孤独・孤立を解消につなげる役割も求められます。

1. 孤独と孤立の理解

「孤独」とは、「仲間や身寄りがなく、ひとりぼっちであること。心を通い合わせる人がおらず一人になる状態」です。もちろん、孤独がすべて悪いわけではありません。一人で過ごすほうが楽だ、社会的なプレッシャーから離れられるなどの理由で自ら孤独を選択しているのであれば、強みになる場合もあります。

　ただし、本当は望んでいないのに一人で過ごす人もいます。これは「有害な孤独」であり、ひきこもり者の多くはこちらの状況です。また、「孤立」とは「助けが得られず独り切り離された状態」、「社会的孤立」とは「家族や地域社会との関係が希薄で、他者との接触がほとんどないために、助けを得ることができずにいる状態」をいいます。**ひきこもり者の多くは「有害な孤独」で「社会的孤立」の状態だといえます。**

　ひきこもり者の多くは、人とのかかわりが断たれること（孤独）に

よって自尊感情が低下し、社会的孤立につながっていくと考えられます。この過程で、ひきこもり家族の多くは、専門機関などに相談しますが、どこに行っても苦悩が理解されず、心を閉ざすしかなかったのです。筆者は以前、いわゆる「孤独死」の研究をしました。そのなかに、親が何らかの理由で病死した後、ひきこもりの子に食事を届ける人がいなくなったために子も餓死し、数カ月後に「親子の孤独死」として発見されたケースがありました。ひきこもり家族の社会的孤立がもたらした悲しい結末です。

「孤独・孤立」対策は社会全体の大きな課題であり、政府も対策に取り組み始めているのはご存じのとおりです。こうした観点からも、8050問題を抱える家族・ひきこもり者の社会的孤立を防ぐために、支援者がさまざまな社会資源との接着剤になることが求められています。

2. 主なひきこもり支援機関と精神科医療

ひきこもり支援に関係する社会資源は表3-4のとおりです。これらを把握したうえで、支援にあたっていただきたいと思います。

一方、ひきこもり家族が現実に頼る先として最も多いのは、精神科への受診です。しかし、そこにはさまざまな問題があります（表3-5）。

ここには、本人の生きづらさを十分に理解することなく、「症状＝薬」という考え方が中心である、現在の精神科医療のあり方の問題が反映されているといっても過言ではありません。そして、「病者」という構造が成立すると、家族や本人は「病気だったら治してほしい」と医療に依存してしまい、次第に薬の量は増えていきます。

地域で家族や本人を支援していると、医療者は病気ばかりを診て、苦悩している人を診ていないのではないか、そんな印象を受けることが多くあります。たとえば、ASD（自閉症スペクトラム障害）の人は、

表3-4 ひきこもり支援に関係する主な社会資源

❶保健所

ひきこもり支援に関する最も身近な公的機関です。精神的な問題を抱えている場合や家庭内暴力がある場合など精神科医療の必要性を判断し、対応をしてくれます。また「ひきこもり家族教室」や「家族会」のサポートを行っているところもあります。

❷ひきこもり地域支援センター

ひきこもり支援推進事業の施行（2009年）により設置された、ひきこもりに特化した第一次相談窓口です（2023年3月31日現在、都道府県、政令指定都市、市区町村に99カ所設置）。さまざまな支援機関（就労・居場所・地域包括支援センター等）と連携を図ることを目的とし、その多くは「精神保健福祉センター」内に設置されています。

❸基礎自治体による支援体制

全国的に知られているのは、山口県宇部市、岡山県総社市、愛知県豊明市、徳島県三好市です。市役所に相談窓口を設置し、社会福祉協議会やNPO法人等に委託するなど独自のひきこもり支援システムを構築しています。

❹生活サポートセンター

複合的な課題を抱える生活困窮者に対して、包括的な支援を行う生活困窮者自立支援制度にもとづく相談機関です。親の年金で生活しているひきこもり者とその家族や、親亡き後に収入が途絶え生活が困窮となったひきこもり者の相談が想定されています。自立相談支援、就労準備支援、家計改善支援などがあります。

❺就労関係機関

地域若者サポートステーションは、働くことに踏み出したい人の「働き出す力」を引き出し「職場定着するまで」を全面的にバックアップする機関です。就職氷河期世代への支援策として対象年齢が15～49歳に拡大されました。障害者手帳を所持している場合は、障害者就業・支援センターにおいて就業面及び生活面における一体的な相談支援が実施されます。

表3-5 精神科受診にかかわる問題

❶精神科受診への迷いと本人の拒否

明らかな精神症状があるわけではないので、本人も受診すべきかわかりません。そのため、家族が勧めても、「俺は精神病じゃない」と怒り出します。そもそも外出できないので、連れて行けない家族も多くいます。

❷家族への支援がない

家族だけで相談に行っても、本人を連れて来ないとどうしようもないと言われたり、子どもへのかかわり方を助言するような家族支援はないケースが多いです。親としてただ一生懸命なだけなのに「モンスター」扱いされたり、「一生困らないだけのお金を残しておくべき」など、ハラスメントともとられるようなケースもありました。

❸本人の話を聴かない

生きづらさを理解してもらいたい、その正体が何なのか知りたい、そんな思いで受診をしたにもかかわらず「いきなり薬を出された」と期待はずれの結果になりがちです。

❹暴力への対応をしてもらえない

「家庭内暴力」を警察や保健所に相談をしたからといって、精神科に入院となるわけではありません。なぜなら明らかな精神疾患とは限らないからです。

対人関係の困難さから併用障害（二次障害）として「うつ病」になることが知られています。ASDが見過ごされ、うつ病のみの治療が開始された場合、決して心が癒えることはないのです。

3. ひきこもり家族が孤立するパターン

ひきこもり家族が孤立するパターンには、次の2通りがあります。

❶誰にも相談できない　❷相談先の対応が不十分

　まずは、その家族がどのような悪循環に陥ってしまったのか、本当に家族だけの問題なのか、それぞれのパターンを可視化することで、長期化に至った経緯を整理してみましょう。

図3-6　ひきこもり家族が社会から孤立するパターン1

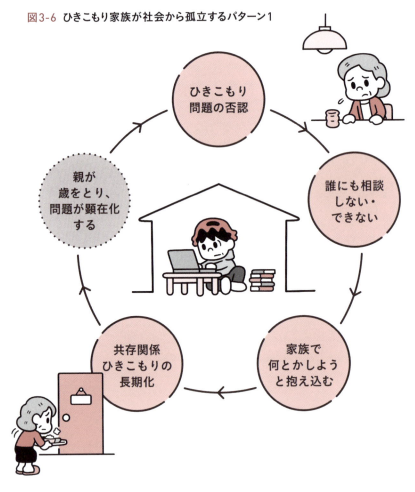

孤立化するパターン❶ 誰にも相談できない

家族が相談できない要因としては、「家族としてのまとまりが強い」「問題認識ができない」「家の恥だと思ってしまう」「プライドが高い」などが挙げられます。

家族をひきこもり者の「背景」ではなく、「システム」としてとらえたとき、家族と社会の間には境界が存在します。これは扉のような

図3-7 ひきこもり家族が社会から孤立するパターン2

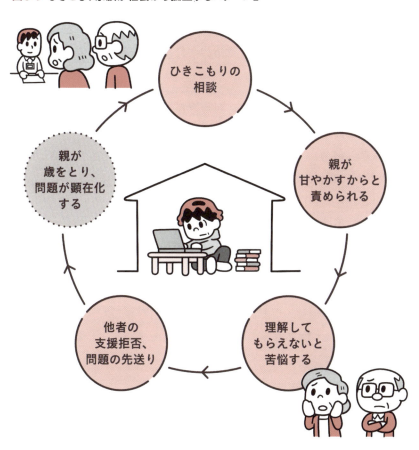

ものとイメージできます。その境界は開いたり閉じたりしており、開くことで社会とかかわり、社会からの情報を得ることができます。境界が閉じたままであれば、家族の結束力（凝集性）は高まりますが、社会とのかかわりや情報は得られず、風通しが悪くなり、家族は孤立していきます。

ちなみに、反対に境界が開いたままになっていると、多くの情報は得られますが、家族内の凝集性は高まりにくく、家庭内で膨大な情報の統合ができなくなった結果、混乱を招く可能性があります。重要なのは、境界の開閉にバランスがとれているかどうかです。

孤立化するパターン❷　相談先の対応が不十分

相談先の対応が不十分だった対応としては、「話を聞いて終わり」「苦悩を理解してもらえない」「あちこちにたらい回しにされた」「親が問題だと責められた」などが挙げられます。

家庭内暴力においては、保健所と警察に相談しても、結果として「事件が起きないと動いてもらえない」と追い詰められていることが多いといえます。

また、精神科を受診した際に、「十分に話を聴くことなく、いきなり薬を出された」「薬が効かないので治療しようがない。希望される病院にいつでも紹介状を書きますのでとさじを投げられた」などモンスター扱いされることや、ドクターハラスメントとも思える対応に心を痛めている場合もあります。医療者自体が「ひきこもり」に対する知識がないこと、薬ありきの精神科医療になっていることの弊害でもあると思います。

どちらのパターンも、最終的には親の高齢化によって問題が顕在化します。そして、支援者の介入によって、ようやく詳細が明らかに

なってきます。その時点で、**社会と家族とのつながり、家族とひきこもり者とのつながり、ひきこもり者と社会とのつながりはどうかについて考え、自らがその「接着剤」の役割を果たすにはどうするのか検討していきましょう。**

　ただし、頑なに支援を拒み孤立している家族であったとしても本当はこのままではいけない、いつか破綻するということは一番わかっています。わかっていても「助けて」と言えないのです。人を信用できない、心を開けない状態は、支援者からすれば、ある意味「硬い石のような壁」に感じるかもしれません。親子を助けるため、8050問題を解決するためには悠長にしている場合ではないとはいえ、「壁」をハンマーで叩き壊すような、強引な支援を力づくで行うことは逆効果です。「壁」が壊れると同時に「心」も壊れてしまいます。

Chapter 3-6

Point 5
孤立した家族に「風」を通す役割になる
──親子の関係性の問題を紐解く

　ここまで、支援者に求められることとして、家族の置かれた状況やそのなかでの思いを理解すること、ひきこもり者を含む関係性を理解し、社会へつなぐことなどを説明してきました。ここからは、さらに一歩、8050問題を抱える家族の関係について深く理解して、関係性の改善のためにどのような支援が求められるのかを解説していきます。

1. 共依存とイネーブリング

　これまでも説明してきましたが、8050問題を抱える家族の関係について考えるうえで押さえておくべき言葉に、「共依存（共嗜癖）」があります。これは、「自分と特定の相手がその関係性に過剰に依存しており、その人間関係に囚われている関係への嗜癖状態（アディクション）」を指します。すなわち、「人を世話・介護することへの依存」「愛情という名の支配」です。共依存者は、相手から依存されることに無意識のうちに自己の存在価値を見出し、そして相手をコントロールし、自分の望む行動をとらせることで、自身の心の平安を保とうとします。

　ひきこもりの子どもと生活をする家族は、自分の感情を抑圧したり、麻痺させたりしながら生活しています。だんだんと、自分が抱いている感情や自分のしたいことがわからなくなり、家族の問題を収めることに集中し、「イネーブリング」へとつながっていくことになります。

　イネーブリングとは、個人の問題を手助けすることで、問題行動を

継続させ、悪化させることをいいます。この状態は、ひきこもりの回復を阻むだけでなく、家族の苦しさにもつながります。

また、助長行為をしている人のことをイネーブラーといいます。**ひきこもり家族には、イネーブリングに至る苦労や思い、家族にしか知りえない苦しさがあること、その結果の行動であることを忘れてはいけません。**

2. 親の先回り

親の先回りとは「相手より先に物事を行ったり考えたりすること」をいいます。子どもが長くひきこもっていると、会話がないために何を考えているのかわからない、行動を起こさないために親が代わりに動くしかないといった事態が発生します。

そのため、知らず知らずのうちに親が「子どものため」と、子どもの力が落ちている（できなくなってしまった）と思われることに対し、手出しをすること（補う行動）が増えてきます。ある意味、それは、子どもの命を守る行為ではあります。しかし、親として子どもの気持ちを案じるがあまり、「こう思っているに違いない」「こういうことは苦手だから無理」と、子どもが困らないように無意識に行っている言動は、子どもの生きる力を奪うことになりかねないのです。

特に母親にその傾向がみられます。言い換えれば、母と子が心を一つにして、あたかも一人の人間のように固く結びつく「一心同体」になってしまいます。これは、子どもが経験するはずのデメリットを家族が先回りして防ぐことで、子どもは痛い目に遭わず、結果として望ましくない行動が維持されてしまうことになります。

子どもは困難に直面しないため、子どもの問題と思われる行動（望ましくない行動）は助長され・長期化してしまいます。つまり、そうした行動を減らしたいと思って親は行動しているにもかかわらず、結

果は逆になっているということです。この悪循環から抜け出さない限り、ひきこもりは長期化します。

　もちろん、日常生活活動が低下している場合は、一時的に手助けが必要にはなります。しかし、「できない（できる力がない）」のではなく、「していない（できる力はあるがしていない）」だけなのです。**少しずつ本人ができるように先回りを止め、声かけをし、「している（できる）」になるように少しずつ支援していくべきなのです。できないことに目を向けすぎず、できるようになるために、どう支援すべきなのかを考えていかなければなりません。**

3. 支援者が「問題家族」と感じる理由

　これまでの説明で、「共依存」「親の先回り」が、8050問題を抱える家族関係の特徴であることが理解できたと思います。では、支援者はどのようにしてこの関係性に介入することができるのでしょうか。

　繰り返しになりますが、そのような親の状態を「否認」「現実逃避」ととらえて、「問題家族」だとレッテルを貼ったり、「私たちはあなたたちのためを思って言っているのに、どうしてわかってもらえないのか」という感情を抱き、家族を説得しようとしたりすることはあってはなりません。

　親子関係で心が疲れきっている時には、現状をどうしたいのかはわからなくなっています。高齢の親ならなおさらです。何とかしたいという思いとどうにもならないという葛藤のなかでもがき苦しんでいます。そして、耐えきれない事態（子のひきこもり）を心の奥にしまい込み、蓋をしてしまうことでしか、心は安定しないのです。

　補足をすれば、こうした支援者の態度は、支援者が抱く陰性感情を安定させるために、その問題の矛先を家族に向けてしまう「転嫁」と言えるでしょう。ストレスで押しつぶされそうな心の安定を図るため

の「適応(防衛)機制」という心理的なメカニズムの一つなのです。心をゴムボールに例えるなら、図のようになります。ストレスがかかることで押しつぶされそうになった状態を意識、無意識にかかわらず元に戻そうと「抑圧」「否認」「否定」「投射(投影)」「逃避」「転換」などによって安定を図ろうとするのです(図3-8)。支援者がそういう反応を取りがちであることをふまえたうえで、まずは、家族の心理状態を理解することが求められます。

4. 親子関係の歪みを理解し、風穴を

　家族の心理を理解するうえで、もう一つのキーワードはトラウマです。ある日突然、子どもが不登校になる、ひきこもるということは親にとって信じられない事態であると同時に親として否定された気分になります。その経過のなかで生じる子どもからの暴言・暴力などは「トラウマ体験」となります。

　そして、トラウマ体験をした人の一部には、フラッシュバック反応が起こります。虐待や災害、事故などの体験者と同様です。些細な物音、子どもの怒鳴り声などによってその場面が繰り返し目に浮かび、何も言えず腫れ物に触るような対応をとってしまいます。

　ほかにも、過呼吸状態や気分のむらが激しくなる、うつ状態になるなど心身の反応はさまざまです。そうした反応が1カ月以上持続した場合にPTSDと診断されます。ひきこもりの子どもの親の場合、一度や二度ではなくトラウマ体験を長期間・持続的・継続的に受けることで、体験が複雑に絡み合い、複雑性PTSDとして脳に記憶され、脱け出せなくなっていくのです。

　おそらく、ひきこもった子どもも同じだと思います。学校や社会のなかで傷つき、トラウマ体験によってひきこもり状態となりますが、安全であるはずの家にいても心が癒えることはないのです。感情のコ

ントロール不全によって、その怒りを親にぶつける、あるいは心を閉ざし、姿を見せなくなります。

　だからこそ、親子関係は複雑化し、第三者の介入が難しくなっていくのだと思います。基本的には、子を思わない親はいません。傷つきながら、自己を犠牲にしてまでも護ろうとします。そして、特に母親は「この子を理解しているのは私だけ」と、子が困らないように無意識に手を出し、一心同体化していく傾向があります。一心同体とは「心も身も一人の人間のような、堅い絆を持つ関係」を言いますが、子どもの心は閉ざされたままで、実はそこに「絆」はないのです。

　支援者には、このような歪んだ親子関係を理解すること、そして、この家族を丸ごと支えながら風を通す役割を果たしていくことが望まれます。

　心地よい風とは、何を指すのでしょうか。一般的には、穏やかでさわやかな風であり、体温を調整しリフレッシュする効果があります。支援者には、孤立した家族に、快適さや癒しを与えることができるような「風」になることを目指してほしいと思います。そのためには、空気のような存在、つまり「自分の周囲にいても意識しない存在」「自然体でいられる存在」「楽で接しやすい存在」「優しく包み込んでくれる存在」が望まれています。くれぐれも「嵐」にならないようにしましょう。

図3-8 適応と適応（防衛）機制

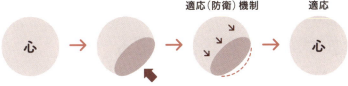

適応とは

　環境に適合して生活することである。さまざまな欲求不満、葛藤に際して怒り、悲しみ、憎しみ、落胆、反感、不安などといった感情が生じてくる。意識、無意識にかかわらず、これらの感情を静め、心の安定を図るために自我の領域において行なわれる処理を言う。

**適応（防衛）機制
（defence mechanism）とは**

　受け入れがたい状況や危険な状況にさらされた時に、不安を軽減しようとする無意識的な心理的メカニズムをいう。下表のようなパターンがある。

抑圧	不快なこと、不安や葛藤、自分にとって部合の悪い欲求などを意識から排除し、無意識に押しやってしまうこと。
否認	外界の不快、不安、恐怖から目を閉じ、顔をそむける回避が一つの心理機制になったもの。生活上の苦痛、不安、悲しい出来事に対して「たいしたことはない」「そんなに現実的なことではない」と思い、空想や期待を抱くこと。
否定	抑圧が弱まり、防衛が一時的に不安定になった際にその結果意識された内容を否定し、抑圧を回復する試み。
投射（投影）	自分が認めたくないような欲求、考え、弱点などを他人のせいにして自分の不安を軽減したり、精神的緊張を楽にしようとすること。
逃避	困難な状況や危険に対するとそれを免れるために病気や空想に逃れること。
転換	ある欲求を抑圧することによって生じた葛藤を身体症状に置き換えることにより、その葛藤から逃れようとすること。
転嫁	自分を責める気持ちがあることを否定し、他者に責任を映し出すこと。

Chapter 3-7

Point 6
生きづらさ、苦しさを知る
――ひきこもり者を理解する

　これまで本人の思いよりも家族の理解を中心に述べてきました。支援者として、まずは家族との関係を築くことが必要だからです。支援者と家族とのよい関係性が構築できると、それはやがて家族とひきこもり者との関係性の改善につながり、ひきこもり者と支援者との関係性の構築まで進みます。そのときに、支援者がひきこもり者をどう理解しているかが改めて重要になってきます。

　ひきこもり者の支援において筆者が聞いた「親に対する思い」「自身の苦しさ」を図3-9に示します。親がよかれと思って行ってきた対応が、実は本人を傷つけ、動けなくしていたのだということが垣間見られます。

　私たちが支援者としてかかわるようになったとき、親と同じことを決して行ってはならないというのを肝に銘じなければなりません。また、本人の苦しみを理解することで、問題解決ありきではない対応方法のヒントにもなると思います。

1. 生きづらさとは何か

　近年、「生きづらさ」という概念が注目されています。それは、生きづらさとしか呼びえない、周囲からは観測の難しい形で、人が生きることを阻んでいるものの存在があり、それが社会的にも問題になっているからだと私は思います。

図3-9 ひきこもり者の声

- 自分たちの苦しさをわかってもらえない。親なのになぜわからないのか。
- いまの自分、将来の自分を考えているけど、うまく相手に伝えられない。
- 「普通の人は……」ってよく言われるけど、「普通」が何なのかわからない。
- 一番身近な親に当たってしまうが、本心ではない。
- ひきこもりが長くなると自己否定が止まらず、ネガティブな考えしか浮かばない。
- 親に反発して、そんな自分が、さらに情けなくなってしまい落ち込む。
- ひきこもりが長くなると、怒りのコントロールもできなくなる。
- 親と話さないのは、自分自身が悪いとわかっていて、何も言えないから。
- 「死にたい」「殺してくれ」は、言葉だけで、それを望んでいるわけではない。
- 人の思いを敏感に感じやすく、先走っていろいろと考えすぎる。

　このことを、「すべての人に関する分類」であり、「生きることの全体像」を示す共通用語であるICF（国際生活機能分類・図3-10）から考えてみたいと思います。

　生きづらさは、ICFのなかで心身機能・身体構造のマイナス要因（機能障害）として位置づけられるでしょう。これは一般的に「障害」と呼ばれるものです。しかし、身体障害のような障害と、悲しみ、絶望、無意欲、プライドの喪失といった生きづらさは、同一の枠組みで扱うには難しいのではないでしょうか。

　その理由は、生きづらさにおける、本人の主観的な感覚や体験の比重の高さです。生きづらさはその人の感情や気持ち、体験そのものを指しています。つまり、周囲からは気づかれなくても、その人が困難を感じていれば、それは生きづらさです。また、そこに人間関係や社

図3-10 国際生活機能分類

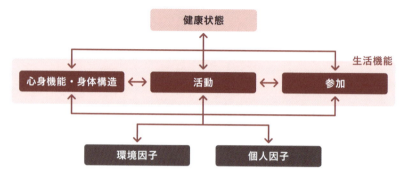

会との関係がかかわっている度合いの高さも理由の一つといえるでしょう。

ひきこもりは、まさにこうした生きづらさを背景として、社会における仕組みから排除され、人間関係が希薄化するなかで、社会の一員としての存在価値、アイデンティティが奪われ、職場や学校などの人間関係や居場所を失った結果起こるものです。

私のかかわった方のなかに、何十回も離職を繰り返し「もう一生分頑張った。どんなに努力しても皆と同じようにはできない」と宣言してひきこもった人がいます。このように挫折体験の繰り返しの結果、精根尽き果て、働く気力や生きる力を失っていくのです。つまり、**ひきこもりを理解するには、これまでの障害から生きづらさにとらえ方を変えることが必要なのです。**

2. どのような生きづらさがあるか

では、具体的にどのような生きづらさがあるのでしょうか。「人間関係が苦手」「失敗が多い」「仕事が続かない」など職場での適応が難しいといった要因の一つに自閉症スペクトラム障害（ASD）の傾向があり、これを知ることが参考になると思います。ASDは発達障害の一

つですので、発達障害についてまず説明します。

　認知（知覚・理解・記憶・推論・問題解決などの知的活動）の能力の高い部分と低い部分の差を発達凸凹といい、これは人間ならだれにでも存在します。そして、個人の発達凸凹を適切に理解し、それにあった環境調整ができれば、発達凸凹が社会的個性として活かされる場合ももちろんあります。しかし、そうでないことも多いのが現実です。年齢を重ね、環境とのかかわりのなかで、発達凸凹による適応障害を起こすことあり、そのときに発達凸凹は「発達障害」と呼ばれるのです。

　さらに、子どもの頃に発達凸凹を見過ごされて大人になった人たちは、成育環境において特性にあった対処や理解を得られず、否定や失敗の経験を積み重ねます。その結果、多くの人が自尊心低下などにより二次的に発症する併存症（うつ病、不安障害など）の問題を抱え、大人になって社会適応が難しくなります。

　私が、ひきこもりの相談、家族や当事者支援を行ってきて感じることは、ASDの傾向がある人は稀ではないということです。自身が生きづらさを感じているにもかかわらず、誰からも理解をしてもらえずに苦しみ続けている人の存在の多さを実感しています。ASDと他の発達障害の特徴を図3-11にまとめました。ひと言で言えば、本人にも周囲の人にも「気づかれにくく、見えない障害」です。それらの特徴は一般の人から見ると、その人の性格や個性に属するものであって「頑張れば何とか克服できるもの、できないのは本人の努力不足」と周囲も本人も考えがちなのです。この生きづらさは決して薬で治ることはありません。叱咤激励は本人を追い詰めてしまうことになります。

　誤解してほしくないのは、精神科受診や診断ありきということではありません。「それぞれの障害特性」を知り、「どのような生きづらさがあるのか」を理解することで、ひきこまざるを得なかった本人の苦悩に寄り添うことができるということです。

図3-11 発達障害と自閉症スペクトラム障害（ASD）

❯❯ それぞれの発達障害の特性

出典：発達障害情報・支援センターHPを一部改変

自閉症スペクトラム障害 ASD

アスペルガー症候群
- 基本的に言葉の遅れはない
- コミュニケーションの障害
- 対人関係・社会性の障害
- パターン化した行動、こだわり、関心のかたより
- 不器用（言語発達に比べて）

自閉症
- 言葉の発達の遅れ
- コミュニケーションの障害
- 対人関係・社会性の障害
- パターン化した行動、こだわり

知的な遅れを伴うこともある

注意欠陥・多動性障害 ADHD
- 不注意（集中できない）
- 多動・多弁（じっとしていられない）
- 衝動的に行動する（考えるよりも先に動く）

知的な遅れを伴うこともある

学習障害 LD
「読む」「書く」「計算する」等の能力が、全般的な知能発達に比べて極端に苦手

※このほか、トゥレット症候群や吃音（症）なども発達障害に含まれる。

主なASDの困りごと

- **感覚の過敏さ、鈍感さ**：聴覚（苦手な音がある、会話の声と周囲の雑音が同じくらいに聞こえて集中できない）、視覚（晴れているとまぶしくて目が開けられない、一度に入ってくる文字情報が多いと混乱する）、触覚（衣類の繊維が気になる、握手ができない）、嗅覚（洗剤や化粧品などのにおいが気になり電車に乗れない）、味覚（独特な食感や舌触りの食べ物が苦手）など。
- **情報処理が特異的**：曖昧な情報を理解することが苦手。冗談がわからない。会話の進め方がわからないこともある。
- **突然の予定変更が苦手**：先の見通しが立たない不安がある。予想していないことが起きると何も考えられなくなり、パニックを起こす。

- **シングルフォーカス**：一度に一つのことに意識が全集中してしまうため、多数の情報に対して処理ができず、同時に一つのことしかできない。
- **こだわり**：ある特定の物や状態・行動パターンに強い執着をみせる。こだわりに対して変化を嫌い、パニックを起こしたりフリーズしてしまったりする。
- **失敗への恐怖心が強い**：過去の嫌な場面のことを再体験してイライラしやすい。
- **強迫観念**：不潔恐怖（長時間手を洗う）、確認行為（鍵をかけたか不安になり何度も確認をする）、加害恐怖（誰かを傷つけてしまったのではないかという思いに駆られ、罪の意識に苦しむ）。

このような特性は、外見だけで理解することは難しく「自分勝手」「空気が読めない」と解釈されがちです。もし、それによって人との関係で傷つき、誰からも理解されず、思考を止め、心を閉ざすしかなかったとしたらどうでしょう。まずは、人として、その苦しみを想像することができたなら、ひきこもり者の心に一歩近づくことができるのではないでしょうか。

このような生きづらさはひきこもり者に限ったことではなく、家族にも存在します。「問題」と決めつける前に「生きづらさ」を理解したうえで、どう対応すべきかを考えてみましょう。

支援者が「あの人には言葉が通じない」と感じるときには、対象者にあなたも「言葉が通じない」と思われているかもしれません。同じ言語で話す、つまり障害特性を理解したうえで相手に合ったコミュニケーションを工夫することが「多様性の理解」であり「合理的配慮」につながるのだと思います。

3. 生きづらさのアセスメント

こうした生きづらさと向き合い、今後の支援につなげるためにはど

のような情報収集・アセスメントをすればよいでしょうか。

アセスメントの項目としては、生活歴（幼少期〜現在）、不登校歴、職歴、生活状態（日中の過ごし方、ADL、IADL）、精神科受診歴、障害者手帳の有無、精神症状の有無、コミュニケーションの程度・問題などが挙げられます。親からの情報、あるいは支援者からの情報をもとにそれらを整理します。

加えて大事なことは、ひきこもりと関連のある問題行動の情報収集です（表3-6）。家族関係のアセスメント（80頁）はもちろん、危機介入の必要性、適切な専門機関との連携にあたっても検討が重要です。

自尊感情の低下によって「自分は価値がない人間」と感じ、自己否定と自己効力感（Self-efficacy）の低下を引き起こします。その結果、感情コントロール不全・抑うつ症状・対人恐怖・コミュニケーション障害・強迫症状・感覚過敏・生きる力の低下・セルフネグレクト（自己放任）などの症状が目立つようになると、自身の力での回復は難しくなります。このような症状をアセスメントします。

4. 危機介入の必要性

暴力・暴言、希死念慮、自殺企図、近隣トラブルの有無について把握し、緊急性の有無を判断しましょう。**危機的な状況と判断された場合には、一人だけで抱え込まず、保健所や警察、他の支援チームのメンバーに相談しましょう。**

ある時、家族と一緒にひきこもりの息子さんが筆者のところに来てくれました。対話をしたところ、「1カ月前から心に声が聴こえるようになった。録音されたり、脳内に画像が入る。誰かが後をつけてくる。その人数がどんどん増えてくる。生きた心地がしない。どこに行って相談しても、誰も理解してくれない。もう殺される」と苦しい胸の内を話してくれました。これは、いわゆる「幻覚妄想状態」です。この

表3-6 ひきこもりと関連のある問題行動

❶攻撃的な言動（暴言・暴力・物にあたる）
「お前らのせいでこうなった、責任をとれ」「ぶっ殺してやる」といった攻撃的な発言や説教。怒りが爆発した時に物を壊す、壁に穴をあける、親を暴力で支配するなどがある。刃物を持ち出すなどの危険性や、「テロを起こしてやる」などと攻撃が社会に向く場合もある。

❷対人不安
「人の目が気になる」と言い、カーテンを閉め切る。日中の外出ができない、宅配便が受け取れない、電話に出ることができないなどがある。

❸強迫行動
頻繁に手洗いやうがいをする、物に触れない、何度も消毒するなどがある。エスカレートするとその行動に親も巻き込み強要することもある。

❹昼夜逆転
夜遅くまでゲームをするなどして生活リズムが昼夜逆転している。家族が寝ている時は部屋から出て行動ができる。

❺自傷行為
リストカット、大量服薬、自分自身を傷つける行為をする。「殺してほしい」と家族にあたる。「死んでやる」と自殺をほのめかすことがある。

❻抑うつ・不安
「生きる価値がない」と絶望感を抱き、「社会の厄介者でしかない」など悲観的な訴えをして、「死にたい」と自殺念慮を口にする。表情が暗く、声も小さいなどがある。

❼些細なことで不機嫌になる
気分に波があり、突然不機嫌になる。他愛のない話はできるが本質に触れる話になると部屋に逃げ込むなどがある。

❽インターネット・ゲーム依存
起きている間は、ほとんどゲームをして過ごす。家族とは喋らないがインタ

―ネット・ゲームでは会話をする。

❾**活動性の低下**
　外出の頻度が少ない、あるいは全く外出しない。一日中、部屋から出て来ず動きがない。生活音すらしない場合がある。

❿**日常生活活動の低下**
　髪を切らない、髭をそらない、入浴しない、着替えをしない、ゴミを出さないなどがある。

⓫**他者とかかわらない（家族とも喋らない、姿を見せない、特定の人としかかかわらない）**
　姿を見せない、コミュニケーションはメモやLINEのみで会話がない。家族の声かけに耳をふさぐなどがある。場合によっては、家族が食事をドアの前に置くといった「お供え」をしている場合もある。

⓬**こだわりがある**
　ウェットティッシュは、このメーカー以外はダメという物へのこだわり、外出前には必ずシャワーを浴びるなどの行動のこだわりがある。食べ物へのこだわりにも関連するが、限られたものしか食べられない、最終的には物を口にしなくなる場合もある。

⓭**感覚過敏がある**
　聴覚、視覚、触覚、嗅覚、味覚などが過敏であり、これらの症状は、ひきこもりが長期化することで目立つようになる。特に聴覚過敏が問題になりやすい。工事や掃除機、ドアの開け閉めなどの生活音に対し「うるさい」と叫び、床をドンと蹴るなどするので、親はピリピリしながら生活をしなくてはならなくなる。

場合は精神科病院への受診が必要ですが、何度も言うように受診ありきで話を進めないことが重要です。対話を通して苦悩を理解したうえでなければ、受診にはつながりにくいと思います。今回の場合、「やっと理解してくれる人に会えた」と安堵していただき、夜間救急

経由で精神科を受診し「任意入院」となりました。彼らは、「病気の症状があることは苦しい。でも、それよりも、理解してもらえないほうがもっと苦しい」と言います。この言葉をしっかり心に刻み、意識して精神科病院等につなぎましょう。

5. ひきこもり者との対話

家族とのかかわりがうまく行き始めると、本人と会話ができることも増えてきます。その際には、いきなり「将来どうするのですか」といったような核心をつく話題ではなく、他愛のない話ができる関係づくりをしていき、本人が「何に困っているのか」を理解するようなコミュニケーションを図りましょう。また、負担の少ない家事など、できそうなことから手伝ってもらえないかと依頼するようにして、自宅でできることを増やしていきましょう。

この場合、命令的口調ではなく「手伝ってくれたら助かる」といったお願いから始めるとよいと思います。そして、本人なりに努力した行動に対しては、「やってよかった」と思えるように、「助かった」「ありがとう」といったフィードバックが行動を強化していきます。自宅でできることを増やす、会話ができることを積み重ねていきましょう。

具体的な声かけなどはケースバイケースですので、**Chapter 5**で挙げる事例を参考にしてください。

Chapter 3-8

Point 7
本来の親役割を取り戻すことができる支援

　前項では本人の理解について解説しましたが、それを前提としつつ、支援の目標を考える際には、まず親が役割を取り戻すことを支援することを目指していただきたいと思います。

　これまで誰からも理解されず、親としての自信を失い、社会から孤立し、自分なりに子を護り続けた年月を想像してみてください。親自身が誰かの世話にならなくてはならなくなったとき、これまで隠していた子のひきこもりが明るみになります。このとき、過去に味わった「社会から非難される」といった体験が再び蘇ってしまいます。過去のつらい体験から親が心を閉ざせば、支援を拒否することになります。

　次の役割は、親亡き後の「不安」を言語化することで現実を受け止め、「何とかしなければ」という親役割を取り戻すサポートです。そのプロセスにおいて「このままではいけない」という前向きな気持ちと「この子のことを理解しているのは私だけだから誰にも任せられない」といった、相反する感情に揺れ動く家族をしっかり支えることです。このように、家族の直接的支援を通して、その向こうにいるひきこもり者の間接的支援を同時に行っていきます。親自身の変化は子に波及していきます。こうしたポジティブなサポートが好循環となり、必ず本人支援にたどりつきます。

1.「寄り添う」と「向き合う」

さて、親を支援する際の方向性についてご説明します。一つ目は「寄り添う」ことです。この言葉はもともと「体が触れるほど傍に寄る」という意味合いであり、そこには相手の気持ちに共感して、自分の気持ちと相手の気持ちが同調するという意味合いも含まれます。しかし、寄り添うことを「要求に応える」ことだと勘違いしてしまう人もいます。「要求・要望」と「ニーズ」の見極めができていないとそうなりがちです。支援によっては、利用者の依存心を高め、結果として自立を損なう危険性があることも理解しておかなければなりません。利用者の持つ力を見極め、エンパワーすることが大切なのです。

つまり、相手に寄り添いつつ、同時に「向き合う」必要があります。「向き合う」には、「互いに正面を向いて対する」という意味に加えて、「今まで避けていたことや、認めようとしなかったことを受け止める」の意味もあります。8050問題の支援にあたって問題となるのは、こちらの意味です。ひきこもりの子がいることを隠す、否認する、支援を拒否する親と「向き合う」のは並大抵のことではありません。

高齢家族の支援者にまずできることは、親の苦悩を受け止め、同じ方向を見る、よりよい方向を指し示すことです。そのためにはまず、信頼関係を構築することから始めましょう。そこでは、「このままではいけない」と解決を焦り、親を責めかねない自分自身とも向き合うことが求められます。また、ひきこもりへの理解と支援の知識が必要であることも、言うまでもありません。専門職としてエビデンスに基づいた支援を目指しましょう。

2. 伴走型支援と本人へのアウトリーチ

Chapter 2で「伴走型支援」の必要性について説明しました（61頁）が、それはこうした「寄り添う」「向き合う」支援を時間をかけて継続的に行うことに他なりません。その時間の中で、親たちは次第に本来の親役割を見出し、それがひきこもり者との家族関係に変化をもたらします。

そして、これも**Chapter 2**で説明したとおり、家族関係にポジティブな変化が訪れて、ようやく本人が安心できる状況が生まれ、アウトリーチ（58頁）が可能となるのです。その意味で、親支援を通して自宅に訪問できる高齢家族の支援者は自然な形でひきこもり者に接触できる稀有な存在です。8050問題を解決していくべき存在の一人だという自覚を持ち、丁寧に、確実につながり続ける努力をしていただきたいと思います。

Chapter 3-9

Point 8
否定の連鎖を断ち切る支援体制
──関係機関との連携

　最後のポイントは、これまで述べてきたポイントを踏まえたうえで、関係機関と支援者が連携して、幅広く本人・家族を支えることです。関係機関との連携やその難しさについては、**Chapter 2**で説明しました（41頁）ので、くわしくは述べませんが、改めてその目指すべきところを確認すると、それは以下に述べるように本人・家族を巡る否定の連鎖を認識して、それを断ち切るということになります。

　ひきこもり者とその家族が抱えている「問題」とは、本来あるべき姿と現状のギャップや起きている現象のことを指しているのだと思います。しかし、私たちが理想とするあるべき姿、期待される結果を「目標」とした問題解決アプローチでは人の心は動くことはありません。目標と現状のギャップを埋めるために「説教」「説得」を繰り返し、孤立へと追い詰めることのない支援が望まれます。

　コミュニケーションが苦手で、人を信じられなくなって心を閉ざしている彼らが「助けて」と言えるつながりをつくるのが私たちです。社会は「相談しない親が問題」と親を否定し、親は「働かないあなたが問題」だと子を否定し、ひきこもり者は「自分はダメな人間」だと自身を否定する。この「否定の連鎖」からは孤立しか生みません（図3-12）。**支援の専門職は「正しい知識」をもち、家族やひきこもり者が「助けて」と言えるような環境づくりとその支援体制を構築していかなければなりません。**

図3-12 孤立の構図

- 相談しない親が問題
- 甘やかしているから
- このままではいけない
- 何とかして働かせるべき
- ひきこもりへの偏見
- 暴力的な介入

社会

親

本人

- 誰からも理解されない苦しみ
- 怒りのコントロール不全
- 考えを止め、心を閉ざす
- 姿を見せない
- 気配を消す、生活音がしない
- 自己否定が止まらない
- 自尊感情の低下

- 働きさえしてくれれば
- 親はいつまでも元気ではない
- 「どうしてあなたは……」と一般論
- 説教や説得
- 声をかけない（無関心）

否定の連鎖が孤立につながる

事例で考える
8050問題への支援のポイント

Chapter 4

Case #1

電磁波攻撃を主張する
ひきこもりの息子と家族への支援

【対象者】70代後半の両親と50代前半の長男
【相談の経緯】自治会長から地域包括支援センター
【相談内容】
　一人暮らしの高齢者が畑仕事をしていると「暴走族に電磁波攻撃をされて困っている。被害に遭ったことはないか？」と声をかけられた。最近、引っ越してきた70代の両親と暮らしているひきこもりの息子と思われる。地域住民は怖がっているが、家族は「うちの子は何もしていないのに警察を呼ばれて心外である。ひきこもりではない。電磁波に悩まされているだけ」と言い、らちがあかないので事件が起きる前に何とかしてほしい。

Case #1 電磁波攻撃を主張する ひきこもりの息子と家族への支援

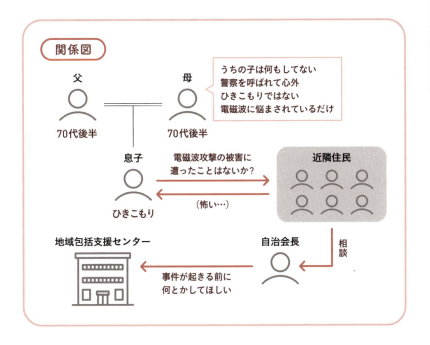

支援のプロセスとポイント

第1段階 家族関係のアセスメント

　このようなケースの対応は、本来は地域包括支援センターの役割ではないのかもしれません。しかし、「高齢者家族＋ひきこもりの子ども」によって「地域が困っている」といった場合においては、身近な相談先としての機能が求められています。まずは、家族関係を見極めるための情報を得ることが大切です。
　ひきこもり支援のスタートは親の苦悩への理解です。そして、子どもがひきこもり状態に至った経緯、今日まで家族がどのような対応をしてきたのかなど、生きてきた歴史に耳を傾けながら家族の関係性の

アセスメントを行います。

訪問して話を聴くと「電磁波攻撃があり、こんなところには住めない。もっと違う家を探せ」と子どもに命令され、暴言・暴力に怯え、その都度引っ越しをしていることがわかりました。

父親は工場勤務で朝5時に出かけ、帰宅は19時ごろという生活を送っています。「引っ越し貧乏で、蓄えは一銭もありません」と言います。母親は、子どもからメモを渡されるとそのとおりに買い物をしています。子どもに腫れ物に触るように当たらず障らずの対応を続けているようです。「この子は問題ない」と言っている母親は近所とのトラブルを認識していません。

「この子はひきこもりではない」は、「否認」です。認めたくない現実を無意識的になかったことにしてしまい「見て見ぬふりをする」状態です。それは、現実を受け止めるにはあまりにもつらく、心がパンク寸前なのだと受け止めましょう。

そして、「腫れ物に触る対応」をせざるを得なくなった経緯は、家族の苦悩です。ある意味、子どもを興奮させない、問題を大きくしないための行動であり、親なりの対処ともいえます。支援者は、その思いを共感しながら話を聴いていくことが大切です。そして、「困った家族」ではなく「困っている家族」としてとらえて、「問題」ではな

く「人」にかかわることが大切です。心の声に耳を傾け、理解しようとする姿勢がなければ信頼関係は築けません。この人なら私たちの味方になってくれそう、頼ってみようか、このままでよいはずはない、何とかしないと……というように変化していきます。

第2段階 「電磁波攻撃」のアセスメント

次に、子どもがひきこもり始めたきっかけ、生活の様子などに話を進めます。コミュニケーションが苦手、片づけができない、こだわりが強いといった特性が元々あり、高校中退後にひきこもるようになりました。そして、ひきこもりの長期化に伴い電磁波攻撃の訴えが増え、引っ越しを強要し、従わないと暴力をふるうようになりました。

昔から、電波塔や電化製品の近くにいると「電磁波」を感じると言っており、学生の時に暴走族に追いかけられてひどい目に遭った経験をして以降、周囲を気にするようになったものの、幻聴などの精神症状はないということがわかりました。つまり「電磁波」が本人の困りごとなのです。「暴走族に電磁波攻撃をされている」と聞くと「被害妄想」として、統合失調症を疑いがちですが、この場合、自閉症スペクトラム障害の「感覚過敏」に、過去のエピソードが重なって妄想様観念になったのだと思われます。

妄想は、「本来であればあるはずのないことをあると思い込む」「訂正不能な強固な確信」で、統合失調症は、常識的に理解できない妄想が多いのが特徴です。一方、妄想様観念は、状況からなぜそのような確信に至ったかは理解できる妄想です。非精神病性のひきこもりでは、妄想様観念はあっても幻聴は生じないのが特徴です。この場合、精神科医療につなぐ緊急性はなく、現段階での本人アプローチは難しいため、家族支援から開始することが望ましいといえます。

第3段階 家族を「ひきこもり支援者」につなぐ

　親の苦悩を理解し、信頼関係が構築できた段階で、地域にある「ひきこもりの親の会」等につないでいきます。「このままではいけないから行くように」ではなく、まずは「親が楽になり、どうしたらよいかを学べる場所」であることを伝えることが大切です。同じ境遇の親同士だからこそ苦悩が共感でき、支えられ、現実を受け止め、親としてできることが積み重ねていけるのだと思います。

　実際には、市区町村にひきこもり地域支援センターなどの機関がない、あるいは相談窓口はあっても話を聞いて終わりで、家族支援体制が整っていない現状もあると思います。つなぎ先がないそのもどかしさは、長年にわたって誰からも支援されてこなかった家族も同じ思いを抱いていたはずです。

　地域包括支援センターには、「地域のニーズ解決のために現在ない社会資源をつくっていく」という役割もあるはずです。社会資源がないとあきらめるのではなく、8050問題から見えた課題をどうしていくべきか、考えていく必要があるでしょう。

> **まとめ**
>
> ## 共依存状態を変えるために
> ## 必要な「理解者の存在」
>
> 　ひきこもり者は、経済的・心情的に親に依存し、母親は「ダメな我が子の面倒を見る」、父親は「引っ越し資金を稼ぐ」という役割に依存しています。つまり、この親子関係は「共依存関係」といえ、「問題意識」を持つことが難しくなります。自分のことよりも子ども優先で動いてしまい、自分がしていることが間違っているとは思っていないために聞く耳を持ちません。そして、**気づけば周囲から孤立してしまい、ますます共依存にはまってしまいます。そこから抜け出すためには、「理解者の存在」が必要です。**
>
> 　ひきこもりは「関係性の病」です。90頁で述べたような負のスパイラルが改善し、家族の関係性が変わらなければ治りません。一番身近な家族が動かなければ支援は始まらず、周囲がいくら必要だと迫っても拒否されます。支援の押し売りではなく、その支援が必要と思ってもらうための努力が必要です。

Case #2

父親の死後のひきこもり者の将来不安

【対象者】
　80代の母親（要介護1）と50代の娘の二人暮らし。娘のひきこもり歴は約20年。身の回りのことは自分ででき、外出は可能だが母親とのコミュニケーションは筆談のみ。

【相談内容】
　市外に住む、長男から「今月、父親が病死した。年金が一人分になって生活が厳しくなり、母と妹の将来が不安である」と筆者のNPOに相談があり、ひきこもり支援者がかかわり始めた。

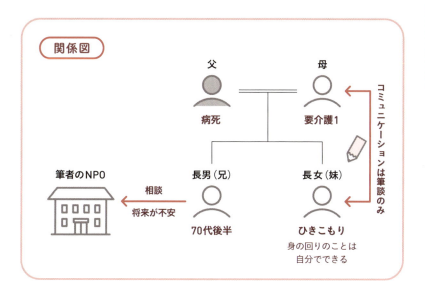

支援のプロセスとポイント

第1段階 存在価値を否定しない

　母親が介護保険サービスを利用していることがわかり、ケアマネジャー、ホームヘルパー、行政に声をかけ、カンファレンスを開催することにしました。現ケアマネジャーは前任者から引き継いだばかりで、「母親は、子どものことを話したがらないので触れられない」と聞かされていました。

　ホームヘルパーは数年前からかかわりがありましたが、ケアマネジャーから「2階に誰か住んでいますが、いない者として訪問してください」との指示があったために、娘と意図的にかかわることはしていないとのことでした。

　ホームヘルパーは、「下手にかかわって何か問題が起きてはいけな

いから」「家族同居だと家事援助ができないから」という2点の理由から「いない者」として扱うように指示されたと受け取っていました。この「いない者＝存在しない」という扱いこそが「否定」ではないでしょうか。「存在しない者」としての扱いは「無視」であり、「存在価値の否定」でしかありません。これは絶対にしてはならないことです。

　マザー・テレサの「孤独」に関する名言に「最悪の病気と最悪の苦しみは、必要とされないこと、愛されないこと、大切にされないこと、すべての人に拒絶されること、自分が誰でもなくなってしまうことだと、より実感するようになりました」というのがあります。言い換えれば、その存在を意義あるものとして認めるようなかかわりが必要だということです。

　たとえ返事がなくても「こんにちは。ヘルパーです。今日は、お母さんの入浴介助で訪問しました」といったように声をかけることが大切です。「人」として大切に扱われることが「肯定的態度」としてひきこもり者の心に変化をもたらすことにつながります。また、そのような支援者の姿勢によって母親も大切に扱われたということを感じ、安心して子どものことを話せるようになるのではないかと思います。参加者は、今後の母娘へのかかわり方を改めることにしました。

第2段階　肯定的なサポート

　その後も定期的にカンファレンスを持つなかで、ホームヘルパー、ケアマネジャー、ひきこもり支援者から次のような情報がもたらされました。

ホームヘルパー：この数年間で娘の姿を見たのは数回で、偶然、外出する際に顔を合わせたことがあり、挨拶しても返事はなかったが、最近は会釈するようになった。入浴介助の際に出かけていることが多く、病院に行っているのではないかと思う。

ひきこもり支援者：週に2回、買い物に出かけていると聞いた。父親の死後、2階ではなく1階で過ごしているらしい。

ケアマネジャー：ひきこもり支援者がアウトリーチすることをきっかけに母親が「あの子は賢い子だった。先生と合わなくてこうなってしまい、かわいそうな子なの」と娘のことを話すようになった。また、母親は「夫が倒れたことに早く気づいていれば、死ななくて済んだかもしれない」と口癖のように言っている。

　これらの情報から、①1階で生活をするようになった、②入浴介助日に外出しているのは、娘なりに母を心配しての行動であり、ストレングスだということがわかります。母親には、ヘルパーがついているから娘は安心して買い物に行けるのです。
　このように視点を変えると「そういえば、テーブルの上にお菓子が置いてありました。きっと娘さんがお母さんに買ってきたものだと思います」というように娘や母親を思いやる姿が浮かんできました。
　これらをきっかけにして、支援者の眼差しが変わり、その後のサポ

ートに変化が生まれてきました。支援者は、娘に対しては腫れ物に触るような対応ではなく、生きづらさを理解しながら声かけを行うと同時に、適度な距離を保ちながら反応を待つということを意識することにしました。

　また、母親が娘の話をし始めた際は、解決を焦ることなく、親としての苦悩をしっかり聴き、共感することにしました。誰しも「人に認められたい」という承認欲求があります。自分なりに頑張っていることが他者に認められるということは「承認」されることです。自己肯定感が低い人にとっては、ありのままの自分を認めてもらえたと感じたことでしょう。

第3段階　娘を含めた母のサポート

　こうしたかかわりによって娘は次第に心を開くようになり、ヘルパーの声かけにも緊張することなく笑顔が見られるようになりました。今度は、母親に何かあった時にSOSが出せるようにしなくてはいけません。「いつもお母さんを見守ってくれてありがとう。今から入浴介助するけど、心配事はない？」といったように労をねぎらいながら会話を広げる工夫をしていくことが大切です。

　ここまできたら、娘と一緒に母親をサポートすることができます。気を付けることとして「〜をやってください」といった指示ではなく「〜を手伝ってくれると助かる」といったようにお願いすることです。そしてその行動を「助かった。ありがとう」と褒めることが大切です。「やってよかった」と思えるフィードバックによって、その行動が強化されていくのです。

> **まとめ**
>
> ## 支援者の連携によって「点」から「面」の支援へ
>
> 「否定」から生まれる間違った支援は「孤立を強化」させ、ひきこもりの家族を追い詰めることになりかねません。**パラレルプロセス(90頁)によって「負のスパイラル」を「正のスパイラル」に変えていくことが大切です。**
>
> 　事象である「点」が連携することで「線」になります。そして、特定の線がすべて連携することで最適化の「面」になります。支援者が本来の連携を行うことが家族を包括的にケアすることにつながります。

Case #3

関係性が希薄化した父娘による母親の看取り支援

【対象者】
　70代半ばの両親と40代半ばの娘の3人暮らし。短大卒業後、数年の就労経験はあるが、人間関係がうまくいかずに退職。ひきこもり状態15年。母親とは会話がある。

【相談内容】
　県外に住む長男から「母親ががんの末期と診断され、余命1カ月程度。自分は自宅で看取りたいが、妹がどう反応するか心配。父親との折り合いが悪く、母親亡き後が心配」と居宅介護支援事業所に相談があり、支援を開始した。

Case #3 関係性が希薄化した父娘による母親の看取り支援

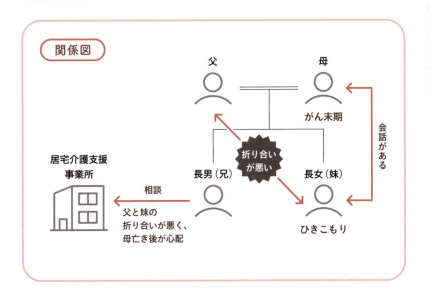

支援のプロセスとポイント

第1段階 父娘の関係性のアセスメント

　ケアマネジャーが自宅に出向き、両親・長男から話を聞きました。それによると、娘は小さい頃から些細なことへのこだわりがあり、コミュニケーションが苦手なために仕事を転々としていたそうです。ひきこもり始めた頃は、母親とも口論が絶えず、物にあたる時期もあったものの、「働け」と言われなくなって、一緒に旅行をする関係にまでに回復したとのこと。

　一方で、父親に対しては顔を見れば「仕事以外は、何のとりえもない、役立たず」と罵声を浴びせていました。母親は「私がお父さんを看取って、その後で死ぬから」と怒りをなだめていたそうです。

　今後について、父親は、何とかバランスを保っていた3人での生活

から母親がいなくなったらどうなるのか、不安でたまらないと言います。長男は、父親の年金では生活が成り立たなくなると心配しています。なぜなら、母親は毎月娘に多額の小遣いを渡していたからです。そのことを妹に突き付けたところ、兄弟関係も悪化し、部屋から出てこなくなったようです。

　幸い、市内に叔母（母親の姉）が住んでおり、娘のサポートとなり得る存在だとわかりました。家族は自宅での看取りを希望していますが、娘は「弱っていく母親の姿を私は看たくない」と荒れています。ケアマネジャーは、介護保険の申請を行い、在宅サービスの準備を始めましたが、母親が急変したことから、一旦、緩和ケア病棟に入院することになりました。そして、自分たちでサポートするのは難しいと判断し、家族を筆者のNPO（ひきこもり支援機関）につなぐことにしました。

第2段階　看取りで揺れる家族をサポート

　家族は、在宅での看取りを希望し、病状が安定したところで母を退院させることにしました。

　筆者は、家族の苦しみを理解しながら、具体的な対応方法を伝えていきました。家族は、どのように娘に話せばよいのか悩んでいたため、①「お母さんの苦しむ姿を見たくない気持ちは理解できる」と共感したうえで、②「でもお母さんが望んでいることだから家族でできる限りのことをしよう」と母親の思いを伝え、③「お母さんが苦しんでいる姿を見るのがつらい時は部屋から出て来なくても良いよ。その代わり、安定している時には声をかけてあげてね。きっとお母さんが喜ぶから」と娘の苦しい気持ちを理解しつつ、できることを提案してもらいました。さらに家族には、筆者の支援機関で開催する家族心理教育に参加してもらいながらサポートを開始しました。

娘は、母親のおむつ交換などを手伝い始めましたが、夜間、父親に手伝ってほしいと起こされることが増えると「もう限界、無理」と叫ぶこともあったようです。

結局、1週間程度の在宅生活で母親は亡くなりました。「葬儀には出ない」と言う妹に対して、兄は「遺影を選んでほしい。お母さんの一番良い写真を選べるのはあなたしかいないよ。○時までにお願い」と依頼したところ、うなずいていたそうです。しかし、翌日に受け取りに行くと、日課である掃除をしており、優先順位が付けられず、ルーティン化した予定の変更ができないといったASDの特性が感じられました。

第3段階　悲嘆ケアからの新たな人間関係

母親の死亡から2週間が経過し、娘はこれまでどおり家事を行っているものの、父親のために料理を作ることが腹立たしくなって、「お前が先に死ね」と父親に殴りかかることが頻繁になりました。また、叔母に対して「私もお母さんのところに行く。死にたい」と泣き叫ぶようになり、どう対応したらよいかわからないと叔母も疲弊しきってしまいました。

叔母には「そんなことしたら母親が悲しむ」と否定するのではなく、「私も妹が亡くなって悲しい。同じ気持ちよ」とともに泣くことが大切だと話しました。なぜなら、これは「悲嘆反応」であり、同じ思いを共感できるのは叔母でしかないからです。

そのアドバイスを受けた叔母の対応もあって、やがて娘は「お母さんが好きだったたこ焼きを買いに行きたいのでつき合ってほしい。仏壇に飾って、その後で叔母さんと一緒に食べたい」と言うようになり、落ち着きを取り戻しました。そこで今度は、支援者に会ってみないかと提案してもらうと、娘は自ら電話をかけてきて、泣きながら相談日

の予約をしました。

　娘は「泣いてしまって申し訳ありません」と言っていましたが、筆者は「泣いていいよ。親が死んで悲しいのはあたりまえ。我慢しなくてもいいよ。よく電話してきたね」と声をかけました。きっと、筆者がどんな人なのかわからない不安や、会いたいけど会うのが怖いといった感情が入り混じっていたにちがいありません。そんな気持ちに寄り添うことで一歩踏み出し、自ら相談に来ることができました。娘は「母と一緒に来ました」と遺影を見せてくれました。

　勇気を出して私たちにつながることができた、その気持ちを丸ごと受け止め、家族も支え手になるようにサポートする支援だったと感じています。

> **まとめ**
>
> ## 支援者は、心地よい風を送り込む存在になることが大切
>
> 　長年にわたり関係が希薄化した父娘の間で、母親が保っていた家族のバランスがその死により崩れ、父娘に危機的な状況が訪れます。
>
> 　父娘との関係性を悪化させないために、支援者は心地良い風を送り込む存在になることが大切です。急激な変化を求めるのではなく、家族の歩みに沿いながら丁寧にかかわっていきましょう。
>
> 　遺族の悲嘆に共感する理解者の存在により、「死にたい（希死念慮）」という訴えが減ったと考えられます。「死にたい＝精神科受診」ではないと、心にとめておきましょう。
>
> 　**悲しみは正常な反応です。無理に抑えることはないと伝え、気持ちに寄り添う支援によって、娘は支援者につながったといえます。**

Case #4

ひきこもり者を理解する。生きづらさ、苦しさを知る

【対象者】
　70代前半の両親と30代後半の娘（Aさん）の3人暮らし。
【相談内容】
　Aさんは、大学卒業後、東京で就職していたが数年後に退職。アルバイトをしながら演劇に打ち込む生活をしていたが、人間関係に悩んでひきこもりがちとなり、実家に帰ってきた。しかし、娘の状況を認められない父親との口論が増え始めると、大声で泣きわめいたり、物を投げるなどして暴れたりするようになった。さらに、包丁を手にして死んでやると家を飛び出し、警察を呼ぶことも頻繁になったため、困った両親は筆者のもとに相談に訪れた。話によると、Aさんには「一度に複数のことをすると混乱する」「こだわりが強い」「状況判断が難しく被害的になる」特徴があり、ASDの傾向によってコミュニケーションに困難さがあると考えられた。

Case #4 ひきこもり者を理解する。生きづらさ、苦しさを知る

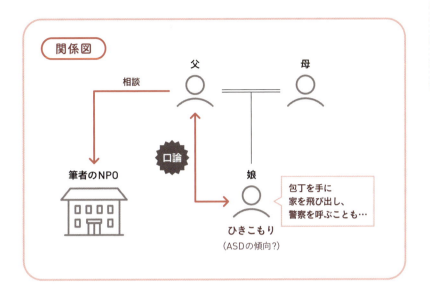

支援のプロセスとポイント

第1段階 相談時の親子のコミュニケーション

　Aさんは、些細なことを被害的にとらえやすい傾向があります。ある日、ちょっとしたことで「私だけ嫌がらせをされているのではないか」と、いつものように両親に話し始めました。すると父親は「お前の思い過ごしだろう。大体いつもお前は……」と頭ごなしに否定的な会話をします。そこから、お互いに怒りが収まらなくなり、売り言葉に買い言葉、暴言に暴言をかぶせるようなやりとりになっていきます。最終的には、親子で疲れ果てるか、警察沙汰になることで収束、これが毎日続いていたといいます。

　Aさんの両親は筆者のNPOで、発達障害への理解を含む親子のコミュニケーションに関するレクチャー（家族心理教育）を受け始め、そ

こで学んだことを実践し始めました。そして、父親が否定せずに、Aさんの話を聴くようになると、Aさんの怒る回数や時間は次第に減り、筆者のNPOに通い始めるようになりました。

　Aさんは、その頃を振り返り「親が受け止めてくれることで、自分は何をやっているのだろうと振り返ることができるようになってきた」と言います。その後は、問題行動をしなくても親に苦しみが話せるようになりました。

第2段階 承認欲求で考える

　承認欲求とは、「褒められたい」「必要とされたい」など、他人から認められたい感情の総称です。大なり小なり人には必ず備わっており、満たされることで人は喜びを感じ、モチベーションを高められます。

　子どもは、両親から認められたいと思い、成長とともに友人や自分の身の回りの人たちから認められようと努力します。しかし、さまざまな生きづらさによって人間関係を築くのが難しく、その努力がうまく実らない人もいるのです。

　そのときの気持ちを想像してみてください。生存欲求にたとえるなら、「お腹が空いた」「喉が渇いた」と感じているのにもかかわらず、食事も水も与えられない状況です。欲求を満たしたいと、手段を選ばず、あの手この手で伝えようとするはずです。また、そうやってもがき苦しむなかでは、「いまの自分が情けない。親に迷惑をかけていることがつらい」という感情も生まれます。他者による承認はもとより、自己による承認も満たされません。

　こうして、やり場のない感情を、他者にぶつけてしまうのが、「暴言」「暴力」ではないでしょうか。だとすれば、支援者がすべきは暴力の対処ではなく、苦悩の理解と承認です。Aさんは、親がコミュニケーションを変えることで、承認欲求が満たされ安定しました。

このように両親が変われば、ひきこもり者と親の関係は回復します。しかし、8050問題になると、そう簡単にはいかないケースもあります。親亡き後の焦りから、本人理解ではなく自分の気持ち優先で、何とか働かせようと叱責してしまう親が多いからです。そこに介入する支援者が問題解決アプローチでかかわると「本人否定」になり、ひきこもり者はさらに追い込まれてしまいます。ケアマネジャーは、親の代わりにひきこもり者の「承認」対象になることを意識してかかわっていくことが大切です。

> **まとめ**
>
> ## 自分の価値観や一般常識を相手に押しつけることは「否定」でしかない
>
> 　ひきこもり者は、「生きづらさ」を抱えています。それによって「否定」され続け、心を閉ざすしかなかったのです。
> 　私たちの価値観や一般常識を押しつけることは「否定」でしかなく、理解されない苦しみは「怒り」の感情の爆発、強いては「問題行動」へと発展します。
> 　**人は「承認」によって、自己効力感や自尊感情が高まっていきます。生きづらさを理解していくことでしか救われません。**

Case #5

アルコールに依存する息子と両親の支援

【対象者】
　40代後半の息子（Aさん）と80代前半の両親の3人暮らし
【相談内容】
　就職氷河期により、派遣の仕事を繰り返した後、ひきこもりとなったAさん。生活は昼夜逆転し、次第に両親とも喋らず、部屋から出なくなって、両親から筆者のNPOに相談があった。両親を家族心理教育で支えたところ、親子の会話が少しずつ増え、Aさんは外出ができるように。そこでアウトリーチを開始し、筆者のNPOへの通所につながった。
　次第に元気になったAさんは「親のために頑張りたい」と、就職にむけて動き出す。しかし、不安と葛藤からアルコールに依存するようになる。「病気だから仕方ない」と現実逃避をし、とがめる親には「俺の気持ちがわからないのか」と暴言を吐いて、黙らせる状態が続き、親は限界を迎えた。

Case #5 アルコールに依存する息子と両親の支援

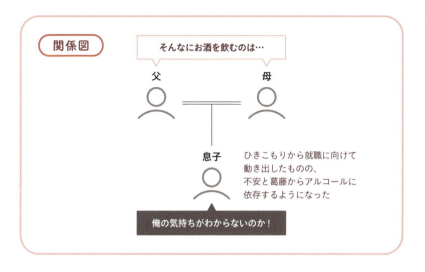

支援のプロセスとポイント

第1段階 両親が見放すことで自身に向き合ってもらう

　Aさんと、親はもう限界まできており、この状態は続けられないということを何度も話し合いましたが、行動変容には至りませんでした。「依存症」という病を治療にのせるためには、本人自身がこのままではいけないと思う「底つき体験」が必要になります。親がいない生活で困る体験、高齢の親の思いに触れ、自分に向き合う時間をつくることを提案し、両親は初めて、家を出る決意をしました。子どもが困らないようにと3万円を置いて、何も言わずに両親は家を出ました。

第2段階 親と距離を置いたあと、対話する

　一週間経過した段階で両親は帰宅しました。その際に、断酒してほしいことを親の口からはっきりと告げました。親子だけの会話は成り立たないために、支援者も同席し、お互いの思いを吐き出してもらいました。すると、Aさんは最終的には、自ら断酒を約束しました。両親は、同じことを繰り返さないために、再飲酒した際には治療してほしいと懇願されました。

第3段階 治療入院と親の葛藤への支援

　その後、Aさんはしばらく断酒していましたが、再飲酒しました。受診の際は、親に暴言を吐いていたため、支援者も同行しました。病院では、アルコール依存症の治療の必要性のインフォームドコンセントがあり、本人が同意したため任意入院となりました。

　入院直後、両親は「これでやっと治療につなぐことができた」と安堵していました。しかし、家族心理教育の際に「覚悟を決めたつもりでも、この選択が間違っていたのではないか。かわいそうなことをした」と迷い苦しみ、迎えに行こうかと思っていたこと、子と離れた不安が10日間続いたことを話されていました。親の選択が間違っていなかったこと、依存症は治療が必要なことを説明することで、親も受け入れることができました。

> まとめ

本来の親の役割を
取り戻すことができる支援を

　親の苦悩を受け止め、揺れ動く親を支え、必要な時期に適切な支援を提供しながらともに歩く、そんな伴走型の支援を6年間行ってきました。**両親、ひきこもり者、家族関係のアセスメントを適宜行い、「親の限界」を見極める判断は伴走者だからこそ重要です。**
　「依存症」による生活の破綻が予測される場合、精神科医療につなげることも必要となります。しかし、「アルコール依存症」という専門的な治療介入の判断と医療連携がなければ入院にはなりません。一方で、病識のない本人、「限界」と言う一方で入院はかわいそうだと抱え込む親に、どのように寄り添い、向き合うのか、支援者としての力量が問われることになります。
　底つき体験においては、このままではいけないと本人が思えるような支援が必要です。親が「限界」の姿を見せること、支援者がその役割を奪わないことが大切です。
　共依存関係の場合、親は「かわいそうな子を護る」行動によって安定を図ります。「入院＝かわいそう」という心情から正常な判断ができず、治療中断を選択する場合があります。しかし、中断してしまうと家族は孤立してしまいます。そうさせないために、苦しい思いを吐き出す場が必要です。誰かに受け止めてもらうことで前に進んでいけるのです。**支援者**

は、現実に向き合うつらさを受け入れること、どうすべきか方向性を示し、ともに歩くこと、大事な決断に対する揺れに付き合うことが大切です。何があっても逃げない覚悟でつながり続けること、これが寄り添うことだと思います。

Chapter 5

事例分析でわかる 本人・家族とのコミュニケーション

Chapter 5-1

コミュニケーションの違和感・問題を分析する

　ここまで、家族・ひきこもり者の思いや、それを踏まえた支援者の対応のポイントについて述べ、事例を挙げて支援の実際について見ていただきました。ここからは、そうした支援のなかで最もベースとなる、家族やひきこもり者とのコミュニケーションをどのように行えばよいか解説したいと思います。

1.「違和感」の分析が必要

　支援者は、目の前の困っている対象者（利用者・ひきこもり者・家族など）を何とかしたいという思いを抱いて向き合います。しかし、実際にはどうしたらよいかわからず、手出しができないと感じるような状況に直面し、困惑することもよくあります。対象者に思いが通じず、拒否・拒絶されたと感じることもあるでしょう。

2. 支援者側に要因があることも

　対象者にコミュニケーションの障害があって、難しさを感じることも多いと思います。しかし、実は、自分自身の「意気込み」や「何とかしなければ」といった思いのせいで、言動が押しつけがましくなったり、説得になっていたりして、相手とのコミュニケーションに影響が及び、すれ違いを起こすこともあるのです。

　自分たちは、よかれと思って対象者にかかわっていますから、それが受け入れらないときは対象者のほうに問題があると考えてしまいが

ちです。しかし、仮に対象者に問題があったとしても、同じことを繰り返していたら、いつまでもうまくいきません。

　こうした事態に陥らないために必要なのが、**コミュニケーションの「違和感」「問題」をしっかりと分析すること**です。対象者との関係性のなかで起こる、なんだかしっくりこない、かみ合わない、居心地が悪い、といった感覚に「対峙」することが対象者への理解を深めるために非常に大切です。

3. 対象者とのコミュニケーション場面を振り返る

「違和感」「問題」の背景にある、対象者の考えや感情を瞬時に理解することは非常に難しいと思います。特に精神的な問題を抱えている方やコミュニケーション障害のある方はなおさらです。また、自分の言動が対象者に対して、どのような影響を与えたのか、状況にあった対応だったかどうかを振り返らなければ、「違和感」の理解を深めることはできません。対象者の言葉にできない思いをどう汲み取っていくのか、自分たちがよかれと思って行った対応の何がよくて何がよくなかったのかを分析することが大切になってきます。

　この **Chapter 5** では、さまざまな事例における違和感を覚えるようなコミュニケーション場面を通して、対象者への理解を深め、私たち自身の対応方法について振り返る機会を共有していきたいと考えています。

4.「言動」を整理し、コミュニケーションを客観視する

　対人援助者として、利用者との相互関係を振り返るために、**違和感あるいは問題と感じた場面の「利用者の言動」「自分が思ったこと、考えたこと」「自分の言動」**などを整理しながら書き出して自己理解を深

めていきます。自分自身の言動の裏にある感情や思考を言語化することで、自己を客観視し、自分自身のコミュニケーションの傾向に気づくことができます。

　さらに、自身の言動の背景にはどのような考えがあったのか。そのとき、対象者がどのような思いだったのかを分析していきます。その結果、コミュニケーションの悪循環に気づき、それを好循環に変える対策が見えてくるはずです。

　そこで、筆者はこうしたコミュニケーション場面を客観視・分析する9つの視点をまとめた「対人関係コミュニケーション分析シート」（Interpersonal Communication Analysis Sheet：ICAシート）を作成、活用しています（表5-1）。

　本章では現場のケアマネジャーの皆様から提供いただいた実際のコミュニケーション場面をこのシートの視点に沿って分析し、あるべき家族・本人とのコミュニケーションを解説します。

表5-1 対人関係コミュニケーション分析シート（ICAシート）

違和感、あるいは問題と感じたコミュニケーション場面の分析		
場面／状況：		
言語的・非言語的コミュニケーション		そのときの自分の気持ち
対象者の言動／状態	自分の言動／状態	

対象者の思い（心の声）　　　　　　　　　対象者の特性

対象者が感じる一時的なメリット　　　　　この問題が繰り返されることのデメリット

分析をしてみて気づいたこと　　　　　　　コミュニケーションの悪循環

「悪循環」を「好循環」に変えるために自分自身ができること

表5-1 対人関係コミュニケーション分析シート（記入例）

違和感、あるいは問題と感じたコミュニケーション場面の分析

場面／状況：モニタリング訪問をしたときに、利用者の長男がコンビニで買い物をして帰ってきた。声をかけたが無言のまま自室にこもってしまった。

言語的・非言語的コミュニケーション		そのときの自分の気持ち
対象者の言動／状態	自分の言動／状態	
❶レジ袋を提げて帰宅してきた。髪はボサボサ、髭も伸び放題で仙人のような姿。 ❸目を伏せ、無言で足早に立ち去る。 ❺そのまま自室に入ってしまう。 ❼壁をドーンと叩くような音。 ❽母親が「だから息子には話しかけないでくださいと言ったのに……」と怯えている。	❷「こんにちは。コンビニに行かれていたのですか」 ❹「お母さんもお歳だし、このままではどうかと思います。これからのことを少し話し合いませんか」 ❻「一体どうするつもりなんですか。親はいつまでも元気じゃないのですよ」 ❾何も言えなくなってしまった。	・息子に会えないので、顔を合わせた時はチャンス。 ・何とかして現状を変えてもらわなければ、親がかわいそう。 ・精神科の受診を何とか説得しないと生活が破綻する。 ・母親が息子を甘やかしているからいつまでもこの生活が続くのではないか。 ・子どもも問題だが、親自身も問題。

対象者の思い（心の声）
- 何で知らない人から説教をされないといけないのか。自分のつらさは誰にもわからない。
- せっかく外出して気分転換をしたのに台無しだ。
- このままじゃいけないのは言われなくてもわかっている。親が死んだら自分も死ねばいい。

対象者の特性
- 自分の気持ちを言語化できない。
- 他者の目を気にする。人が苦手。
- 週1回程度のみコンビニに外出する。
- 入浴は2年くらいしていない。部屋はゴミ屋敷のよう。

対象者が感じる一時的なメリット
- 物音を立てることで嫌だという拒絶の気持ちが伝えられた。
- 今の自分の生活を継続することができる。
- 誰からも指示されなくて済む。

この問題が繰り返されることのデメリット
- 本当の気持ちは誰にも理解されない。
- 親が歳をとり生活が破綻する。
- 支援者との距離は縮まらない。
- 他者からの支援を脅威と感じてしまい、さらに心を閉ざし、孤立してしまう。

分析をしてみて気づいたこと
- いきなり初対面の人に何か言われたら逃げても当然かもしれない。
- 過去の体験から息子の言動を想像し、母親は腫れ物に触るような対応をするしかなかった。
- 母親の苦悩を受け止めなければ、頑なな態度は変わらない。
- 母親は子どもを護ろうとし、誰にも頼ろうとしなくなる。

コミュニケーションの悪循環

「悪循環」を「好循環」に変えるために自分自身ができること
- まずは自己紹介。問題解決ではなく、相手を理解するかかわり方が大切。
- 母親を追い詰めるのではなく、苦悩を理解することから始める。
- 訪問をした際には、あいさつ程度の声かけから始めていく。

Chapter 5-2

コミュニケーション場面を分析する方法

1. 9つの視点から分析する

次に、ICAシートに含まれるコミュニケーション場面を分析する9つの視点を解説します。

表5-2 コミュニケーション場面を分析する9つの視点

1. 場面／状況
いつ、どこでどのようなことがあったのか。
どのようなことがきっかけで起きたのか。

・・・

2. 言語的・非言語的コミュニケーション
（1）**対象者の言動／状態**：対象者がどのような言動をしたか。発言だけでなく以下の点についても観察する。
　表情：うつむいたまま、悲しそう、暗い、一点を見つめている、困ったような、泣きながらなど。
　語気：怒鳴るように、吐き捨てるように、蚊の鳴くような声で、ぼそぼそとなど。
　目つき：睨むように、涙ぐんで視線を合わさずに、遠くを見るようになど。
　態度・動作：イライラした様子、落ち着きなく、そわそわして、壁を叩く、物を投げる、大きな音を立てる、包丁を持ち出すなど。
（2）**自分の言動／状態**：対象者の言動に対して、自分が発した言葉やとった行動。
（3）**そのときの自分の気持ち**：あなた自身が、なぜそのような言動をしたのか、そのときの気持ち（例：働くべきだと思っていた。説得しようとしていた）。

・・・

3. 対象者の思い（心の声）
対象者が、なぜそのような言動をとらざるを得なかったのか。対象者の気持ち

になって、心の声を想像する。正しいかどうかにこだわらず対象者の世界観を想像してみる。

....

4. 対象者の特性
普段から問題と感じていること、それはどんな時に起こりやすいのかなど（こだわり、感覚過敏、思考パターン、生活の様子など）。

....

5. 対象者が感じる一時的なメリット
対象者は、問題を起こすことで、一時的にどのようなメリットを得ることができたと考えられるか。

....

6. この問題が繰り返されることのデメリット
この問題が続くことによって、対象者にどのようなデメリットがあるか。

....

7. 分析をしてみて気づいたこと
自分の気持ちを優先した言動になっていなかったか？ 自分自身のコミュニケーションのパターン、癖はどうだったか？ あなたの言動は、対象者の気持ちに添った対応だったか？ 全体を通してあなたが思ったこと、気づいたこと、わかったことは何か？ など。

....

8. コミュニケーションの悪循環
何がきっかけで、どのようなコミュニケーションパターンになっていたか。

....

9.「悪循環」を「好循環」に変えるために自分自身ができること
対象者の苦悩を理解するために、あなた自身ができること、やったほうがよいことは何か？ 新たなコミュニケーション方法を考える。その際、どのようなコミュニケーションスキルを使って対応するか？（傾聴・共感的理解・肯定的配慮など）

　この視点を具体的にどのように活用するのか、事例に当てはめてご紹介します。

2. 事例で考える

【事例】
Aさん：80歳、女性、要支援2
週1回デイサービスを利用。家事全般はできるが、もの忘れが目立ち始めている。

息子は48歳で、ひきこもり歴は28年。大学卒業後に会社員として働くが、人間関係でつまずいて1年で退職。その後も何度か就職はしたが続かなかった。現在は、母親の年金で生活をしているため、生活に困窮している。母親の担当ケアマネジャーが、生活サポートセンターへの相談を促しているが、相談には至らない。同居の息子のことを話題にすると避けるため一度も会ったことはない。モニタリングで訪問した際に、息子が外出から帰宅したため声をかけてみたが、避けるように自室にこもってしまった。

この事例を、先述の9つの視点で分析したのが表5-3になります。

偶然長男に会えたため、「このチャンスを逃したくない」というケアマネジャーの思いが優先してしまい、相手の気持ちを想像せずに、自分の気持ちを押しつけてしまった場面だといえます。

とっさに出た「お母さんもお歳だし、このままではどうかと思います」という言葉には、①ひきこもって働かないあなたは問題である、②今後いったいどうするつもりなのか、③私はあなたのためを思って言っている、④問題を解決するために私の言うことを聞くべき、といったメタメッセージが込められています。

①と②は、ひきこもっている長男を全否定しています。③は自分の行為の正当化で、④は説得です。共感的理解からはほど遠い態度による尊厳を傷つけるコミュニケーションで、長男との心の距離が縮まることはありません。さらに母親が子どもを護ろうと庇ってしまい、共依存関係も強化されてしまいます。

　支援者（この事例ではケアマネジャー）が問題解決のアプローチをすることによって、長男は誰からも理解されない苦しみを抱えます。拒否・拒絶は自分を守ろうとする行為です。また、怒りのコントロールができなくなると、物にあたります。すると、母親は「息子が再び荒れてしまう」と怯え、腫れ物に触るような対応をします。息子を苦しめるケアマネジャーを遠ざけるかもしれません。

　この悪循環が続けば、ケアマネジャーは支援に行き詰まりを感じ、「親に問題がある」と思うかもしれません。このように、**困難ケースを困難にしているのは、支援者自身であるかもしれないのです。**

表5-3 ICAシートの視点による事例の分析例

【 違和感、あるいは問題と感じた
コミュニケーション場面の分析 】

❶ 場面／状況 ▶ モニタリング訪問をした時に、利用者の長男がコンビニの買い物から帰ってきた。声をかけたが無言のまま自室にこもってしまった。

長男 ❶ レジ袋を提げて帰宅してきた。髪はボサボサ、髭も伸び放題で仙人のような姿。	長男 ❺ そのまま自室に入ってしまった。
CM ❷「こんにちは。コンビニに行かれていたのですか」	CM ❻「いったいどうするつもりなんですか。親はいつまでも元気じゃないのですよ」
長男 ❸「……」目を伏せ、無言で足早に立ち去る。	長男 ❼ 壁をドーンと叩くような音がした。
CM ❹「お母さんもお歳だし、このままではどうかと思います。これからのことを少し話し合いませんか」	母 ❽「だから息子には話しかけないでくださいと言ったのに……」と怯えている。
	CM ❾ 何も言えなくなってしまった。

❷【 その時の自分（ケアマネ）の気持ち 】

❷ 親が息子に会わせてくれないので、顔を合わせた今がチャンス。
❹ 何とかして今の生活を変えてもらわなければ、親がかわいそう。
❻ いったい何を考えているのだろう。何とか説得して、精神科を受診してもらわないと生活が破綻する。
❽ 母親が息子を甘やかしていると、いつまでもこの生活が続くのではないか。
❾ 子どもも問題だけど、親自身も問題ではないか。

※CM＝ケアマネジャー

❸ 対象者の思い（心の声）
- 何で知らない人からいきなり説教をされないといけないのか。自分のつらさは誰にもわからない。
- せっかく外出して気分転換をしたのに台無しだ。気分が悪い。
- このままじゃいけないことは言われなくてもわかっている。親が死んだら自分も死ねばいい。

❹ 対象者の特性
- 自分の気持ちを言語化できない。
- 他者の目を気にする。人が苦手。
- 週1回程度のみコンビニに外出する。
- 入浴は2年くらいしていない。部屋はゴミ屋敷のよう。

❺ 対象者が感じる一時的なメリット
- 物音を立てることで嫌だという拒絶の気持ちが伝えられた。
- いまの自分の生活を継続する（守る）ことができる。
- 誰からも指示されなくて済む。

❻ この問題が繰り返されることのデメリット
- 本当の気持ちは誰にも理解されない。
- 親が歳をとり生活が破綻する。
- 支援者との距離は縮まらない。
- 他者からの支援を脅威と感じてしまい、さらに心を閉ざし孤立してしまう。
- 母親は子どもを護ろうとし、誰にも頼ろうとしなくなる。

❼ 分析をしてみて気づいたこと
- 「何とかしないと」という焦りばかりで、相手の気持ちに配慮ができて

いなかった。
- いきなり初対面の人に何か言われたら逃げても当然かもしれない。
- 過去の体験から息子がこうなる（部屋で暴れる）ことが想像できるため、母親は腫れ物に触るような対応をするしかないことがわかった。
- 問題解決ありきのアプローチでは心を開くはずがない。
- 母親の苦悩を受け止めなければ、頑なな態度は変わらないということがわかった。

❽コミュニケーションの悪循環

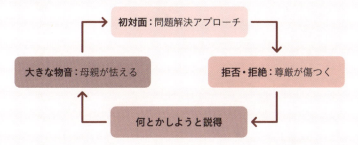

❾「悪循環」を「好循環」に変えるために自分自身ができること
- まずは自己紹介。「私はお母さんを担当させていただいているケアマネジャーの〇〇です」
- 問題解決ではなく、相手を理解するかかわり方が大切。「もし、お母さんのことで何かお困りのことがあったら言ってくださいね。これから一緒に考えていきますので」
- 母親を追い詰めるのではなく、苦悩を理解することから始める。
- 訪問をした際には、あいさつ程度の声かけから始めていく。

Chapter 5-3

事例でみる
家族・本人とのコミュニケーション

　Chapter 5-1, 5-2で説明した9つの視点から事例を分析し、その場面で支援者に求められる言葉かけを考えます。

Case #1
「自分を褒めてほしい」と母親に迫る長女への対応

【ケースの概要】
家族構成：長女（50歳前半）、父親（80代）、母親（80代）、長男（40代）
かかわりのきっかけ：要介護の母の担当となったこと

【家族の現状】
長女：10年ほど前よりひきこもり。うつ病と診断され、精神障害者保健福祉手帳取得。障害年金2級。
父：健康上の問題はない。
母：要支援2。
長男：独身。

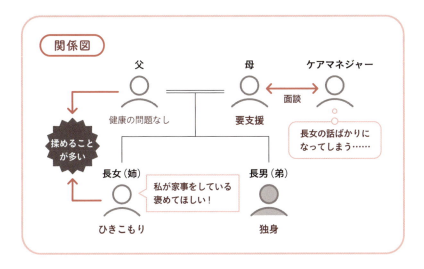

◉難しいと思う状況

- 母親とケアマネジャーの面談に長女が割って入り、自分が家事をしているとを強くアピールをする。そのため、母親ではなく長女の話ばかりになってしまう。
- 長女は「褒めてもらいたい」と主張するが、家族が褒めても納得せず、言いたいことがつかめない。
- 長女は家族以外の他者とのかかわりを拒むため、現在も支援者がいない状況で、親亡き後の対応の手立てがない。
- 父親との関係が悪く揉めることが多い。

◉長女の特徴

- 一般企業に就労していたが、通勤や人事異動に伴う仕事内容の変更がストレスとなり、10年ほど前に退職。以降、ひきこもりとなる。
- 家の中は長女の荷物で溢れているが、買い物をやめようとはしない。
- 障害年金が入るたびに画材やペンを購入して、一日中イラストを描いている。
- 障害支援の関係者とのかかわりを拒んでいる。

【 難しい場面のコミュニケーション 】

場面／状況 ▶ モニタリングで母親と面談の際、長女が「（家事は）ほとんど私がしている」と話に割って入ってきて「（少しの手伝いでも）褒めてほしい」と強くアピールをするため、話が進まない（実際の家事は母親がほとんどしている）。

- 母 ❶「買い物がしんどいんですよ」
- 長女 ❷ 泣きそうになりながら「私がやっているじゃない。なんで私を褒めてくれないの」
- 母 ❸ またかといううんざりした顔で「よくやってくれるね。ありがと。助かるよ」
- CM ❹「おうちの中のことを手伝ってくれているのですね。それは助かりますね」
- 長女 ❺ ケアマネの方には見向きもせず、「母さんは私のつらさをわかってくれないから私も落ち込む。褒めてくれたら落ち込まないでいられるのに」
- 母 ❻「いつも、お手伝いするごとにちゃんと褒めているじゃない。あんたのつらさって何よ」
- 長女 ❼「いつもそうだよ、私がしたことは誰も見てくれない。私なんか居なくていいと思ってるんでしょ！ だからやったことを褒めてくれないんでしょ！」
- 母 ❽ 少し苛立った様子で「また、それ？ 誰もそんなこと言っていないでしょ。ちゃんとありがとうって言ってるでしょ。子どもみたいなこと言うから父さんも怒るんだよ！」
- CM ❾「ご長女さんも頑張っていらっしゃるのは家族の皆さんも見ていてくれていますよ」
- 長女 ❿ ケアマネを睨みつけ「わかったようなこと言わないでよ」と言って、席を離れてしまった。

※CM＝ケアマネジャー

> **【その時の自分（ケアマネ）の気持ち】**
>
> ❸ 長女が切なそうだったので、労いの声をかけることとした。
> ❻ 母親の言い方はやや投げやりだが、長女は褒められたと受け取っただろうか？　長女の表情からは納得した答えではないみたいだ。長女のいうつらさとは何だろうか？　母親への承認欲求が強いのだろうか？
> ❽ 私なんか居なくていいという言葉が母親を怒らせたようだ。いつもこの言葉を言っては家族に不快な想いをさせているのかな。少し雰囲気を変えよう。

事例理解・対象者理解のポイント

POINT 1　退行・投影

　人は、不安や罪悪感、抑うつなどの不快な感情が続くと、その苦しさを弱めたり、避けたりして心のバランスを保とうとします。これを「適応（防衛）機制」と呼びます（105頁）。

　このうち、とても大きなストレスにさらされ、避けられないことがわかると、最終手段として過去へ遡ろうとします。これが「退行」という適応（防衛）機制です。これは未成熟な発達段階に逆戻りして幼児的になることです。つまり、過去の発達段階に戻ることにより欲求を満たすこと、両親に護られていた、楽しかった頃に戻り、心のエネルギーを回復するといった反応を無意識に起こすのです。

　また、自分が心のなかに抱いているネガティブな感情を、自分ではなく他の人が持っているととらえようとすることで安定を図ろうとす

る適応（防衛）機制を「投影」といいます。たとえば、「私は母を憎んでいる」が「母が私を憎んでいる」に置き換えることで、心の負担を和らげようとすることです。

POINT 2　対象者の心を動かす姿勢

　相手が自分の思うように動いてくれない時に、その虚しさや腹立たしさから「対象者の問題だからどうしようもない」と決めつけて、「対応の手立てがない」とあきらめてはいないでしょうか。

　このままでは家族が将来困ると予測できる、そんなときに支援者に必要な姿勢は、目の前の問題を解決しようと相手を動かそうとするのではなく、対象者の苦悩に触れ、心の声に耳を傾けることです。いまの目の前の対象者にしっかりと向き合うことが、数年後の姿を変えることにつながります。

　そこに**必要なのは、コミュニケーションのスキル以前に、相手を思う心、対象者を理解したいという気持ち、向き合う勇気です**。小手先のテクニックは何の役にも立ちません。なぜなら、人の心が動くのは、感情が大きく振れた瞬間だからです。まずは、相手の立場になり、生きづらさを抱えた人の世界を想像すること、その苦悩を感じることなのではないかと思います。そして、対象者のニーズに近づいたときにはじめて、心が通い合うのです。

ICAシートの視点で
コミュニケーション場面を分析する

◉長女の思い

長女になったつもりで、心の声を考えてみます。

- 頑張っているのに母親は認めてくれない。
- 母親は自分中心で、私をきちんと見たことがない。
- この家の中に私の居場所はどこにもない。

[ケアマネジャーに対して]
- わかったようなことを言わないでほしい。
- 上っ面だけの言葉で馬鹿にしている。
- 私と母親の問題に、なぜ他人が割り込んでくるの。
- 誰も私の苦しみを理解しようとしない。よってたかって私をバカにしている。

⬇ **わかること**

自分の存在をアピールしないと理解してもらえないために、「褒めてほしい」とアピールをして子どものように駄々をこねていると思われます（退行）。自分がここに存在しているということを認めてほしいのではないでしょうか。

◉長女の特性

これまでの情報から特性をアセスメントします。

- 買い物が止まらない。
- 片づけが苦手でゴミ屋敷化している。

- 年齢不相応な（子どもじみた）訴えをしている。
- 母親の愛情に執着する。

🔽 **わかること**

買い物が止まらないのは、衝動性（ADHDの傾向）があるのかもしれません。また、片づけが苦手な理由としては、面倒なことを先延ばしにする、空間認知が苦手で優先順位がつけられず、段取りが下手などの理由が考えられます。

◉長女が一時的に感じるメリット

自身の言動にはどんなメリットがあるのでしょう。

- 母親からの「感謝している」という言葉で一時的には落ち着く（心の安定）。
- 母親を非難すること（投影）で、母親に対する自分の感情に向き合わないで済む。
- 感情を表出する（つらい・怒り・泣く）ことで親の気をひくことができる。
- 自分の本当の気持ちに蓋をすることで、現実に向き合わないで済む。

🔽 **わかること**

自分ではなく母親の問題だと思うことで、現実に向き合わずに済みます。自分の苦しいという気持ちが表出でき、表面的ではあっても母親から感謝の言葉を得ることで、その場の怒りは抑えられていると思われます。

◉この状態が繰り返されることのデメリット

メリットの裏で、長期的にはどんなデメリットがあるのでしょう。

- 長女の本当の苦しみや不安は誰にも理解されない。

- 承認欲求が満たされず、長女の訴えが続く。
- 母親の形だけの感謝の言葉に怒りが増す。

わかること

長女の「感謝してほしい」という言葉に家族やケアマネジャーは振り回され、言うとおりに感謝の言葉を述べ、頑張っていることを承認したとしても心が満たされることはないと思われます。

◉コミュニケーションの悪循環

長女は、ケアマネジャーと母親が「家事」の話をしだすと、割って入るようにして自分が家事をしているといったアピールを始めます。これは、自分の存在を認めてほしい、苦悩を受け止めてほしいといったことを投げかけているのだと思われます。しかし、本人の要望に応えるかのような感謝の言葉を母親が口にしても、それが表面的な言葉で長女の心の声に反応をしていないことから怒りのスイッチが入ってしまいます。さらには、母親と長女の堂々巡りに対して、父親が怒ることでその場が収まるといった悪循環になっています。

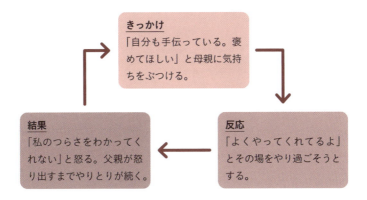

今後のコミュニケーションと支援のポイント

※番号は164頁のコミュニケーション場面のものを指します。

　母親と長女のコミュニケーションパターンに今回はケアマネジャーが加わっています。しかし、❾「……家族の皆さんも見ていてくれていますよ」という声かけは、母親の肩を持った言い方です。長女からは、母親とケアマネジャーがタッグを組んだ敵に見えたことでしょう。さらに怒りのスイッチが入り、❿「……わかったようなこと言わないでよ」という捨て台詞になったのだと思います。

　また、長女の「片づけられない」「買い物が止められない」ことに関して、ケアマネジャーが問題だと考えているとすれば、そのことに触れなかったとしても「なぜできないのですか」といった心の声（メタメッセージ）が伝わってしまい、苛立たせてしまうのです。「片づけができない困った人」ではなく、「片づけができなくて困っている人」なのです。

> コミュニケーション場面 ❹ はこうする

つらさ（ニーズ）を理解した発言に

　❹「……それは助かりますね」は、本当の意味でのつらさ（ニーズ）を理解した言葉とは言えません。彼女のつらさは頑張っていることを褒めてほしいのではなく、母親に認めてほしい、理解してほしいということなのです。このニーズのズレが❺の「ケアマネジャーには見向きもせず……」につながったと思います。ここでの発言は次のようにすればよいと思われます。

【例】

「長女さんは、自分なりにお母さんのことを思って家事を手伝い、頑張っている。でも、一番理解してほしいお母さんが自分のことをわかってくれないと感じて苦しんでおられるのですね」

> コミュニケーション場面 9 はこうする

母親の思いを言語化する

その後、母親との押し問答となり7「いつもそうだよ……だから……褒めてくれないんでしょ！」と言っています。長女の言いたいことはすべてここに詰まっています。「私を見て。私の存在を認めて大切に扱ってほしい」という心の叫びではないでしょうか。だとすれば9「……家族の皆さんも見ていてくれていますよ」といった表面的な会話では心は動きません。むしろケアマネジャーは親と同じで何もわかっていない。だから、睨むように10「……わかったようなこと言わないでよ」と席を離れてしまったのです。

ここでは以下のように具体的なエピソードを伝えるとよいと思います。苦手な母親に変わって、ケアマネジャーが思いを言語化して伝えることで母娘関係が回復していくことを期待したいものです。

【例】

「長女さんは、自分がいなくてもいいと思われているんじゃないかと苦しんでおられるのですね。お母さんから愛情を感じられなかったらつらいですよね」と長女のつらさに共感したうえで、「お母さんは、長女さんが頑張ってくれていることを理解されていると思いますよ。先日、長女さんが〇〇を手伝ってくれて助かったとお母さんが嬉しそうに私に話してくださったんですよ」

Case #2
過去の仕打ちを恨み、親を責める長男への対応

【ケースの概要】
家族構成：父親（87歳）、長男（52歳）、母親（83歳）、長女（49歳）
かかわりのきっかけ：要介護の母の担当となったこと

【家族の現状】
長男：24歳で仕事を辞めて以来、実家にひきこもり。
父：パーキンソン病により通院し、服薬中。
母：認知症の進行により特養へ入所中。
長女：結婚し、近隣に住むが、要介護状態の夫がいる。

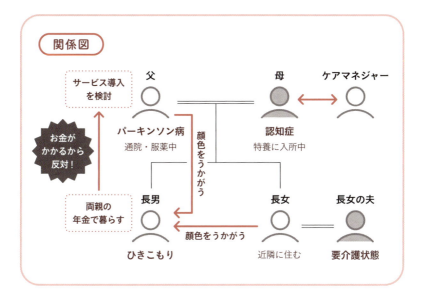

◉難しいと思う状況

- 両親の年金で暮らしている状態。夫が要介護状態の長女の家もそこから援助を受けている。
- 父親の生活動作全般に支障が出ているのでサービス導入を検討するも、長男は金銭的負担を理由に断るため、父親は食事や水分が十分とれず、発熱や意識障害を起こし入退院を繰り返している。
- 父親も長女も長男の顔色をうかがい、積極的なサービス利用に至らず介護が不十分な状態が続いている。

◉長男の特徴

- 高校卒業後、父の勧めで自営の建築会社に勤めるが、24歳の時に仕事中の交通事故で顔面の傷と両下肢の痺れが残り、退職。
- 父親は長男の就労を望んでいるが、傷跡を人に見られるのを嫌がり、就労の話が出ると「首を吊って死んでやる」などと叫ぶ。
- 介護には参加せず、日中はインターネット検索などをして過ごす。気に入ったアニメキャラクターのフィギュアなどを衝動的に購入して部屋いっぱいに飾っている。

【 難しい場面のコミュニケーション 】

場面／状況 ▶ 父親の介護サービス導入について父親・長男・長女と面談するが、父親は長男が就労しないことを訴え、それに対して長男は金銭的な問題や過去の親からの仕打ちを理由にサービス導入を認めない。

- **父** ①誰を見るともなく話し出す「長男には1日も早く働いてほしい。私が言うといつも怒りだす」
- **長男** ②「俺は足が痛くて自転車は運転できるが歩くことができない。顔の傷も見られたくないから働けない」とふてくされたように父を見て答える。
- **父** ③「家にいたいけど、長男に"動け！"と厳しく言われるのがつらい。施設に入りたくてもお金がない」と訴えるようにケアマネに話してくる。
- **長女** ④「父も私も経済的に厳しい。金銭のやり繰りがしんどい」と伏目がちに下を向いて話す。
- **父** ⑤「自分の体が自由に動けないのでヘルパー頼み。ヘルパーが優しくしてくれるのが救い。できれば毎日来てほしいが無理だと思う」
- **長男** ⑥父親を見ながら「自分でやろうと思えばできるのに甘えている！リハビリだと思って動けばできるんだよ！」と強い口調で父を叱責する。
- **CM** ⑦長男に話しかける。「ご長男さんは介護にお金を掛けられないと言われますが、経済的な問題はいかがお考えですか？」
- **長男** ⑧「自分が普通に働けないのは親のせいだからお金は出してもらう。生活保護の受給は役所から働くよう言われるので無理。親が死んだら自分も死ぬから放っておいて！」と声を荒げる。
- **CM** ⑨「ご自身が働けない怪我の原因がお父様に関係しているということですか？」と親のせいだという理由を聴いてみる。
- **長男** ⑩「そうだよ、俺の話を聞かずに勝手に仕事を決めて、事故を起こしたんだ。責任は取ってもらう。（父に）自分のことも、子どもの頃の俺に言ってたみたいに自分でやれよ！」と父親への恨みとも取れるような言葉をぶつける。

※CM＝ケアマネジャー

【 その時の自分（ケアマネ）の気持ち 】

❷ 父親からは以前から「自分が言うと怒るのでケアマネから言ってほしい」と要求があった。長男との話がここまでこじれるまでに、行政など相談機関につながることができなかっただろうか。

❼ 本人世帯も長女家族も経済的に大変な状況と推察できるが、この状況を長男はどう受け止めているのだろうか。せめて長男がしっかり更生してくれればよいのだが。

❿ 長男はネットなどで行政施策などの支援について調べている様子。そのうえで面倒を避け、自殺企図や横暴な振る舞いで家族を思い通りにしようとしている。両親に恨みもある。家族以外に頼れる、長男の援助者や代弁者が必要ではないかと考える。

事例理解・対象者理解のポイント

POINT 1　罪悪感と劣等感の狭間で揺れ動く

　私がかかわった方で、「このままではいけない」と就労継続支援B型事業所に通所を決断した40代のひきこもりの男性がいました。しかし、体験利用から通所には至らず、家でゲームをして過ごしています。傍から見れば、怠けていると思われるでしょう。

　しかし、彼に気持ちを聴くと、「一日も早く自立して親を安心させたいけど体が動かない。自分が情けない」と「焦燥感」「罪悪感」を口にします。そして、夜になると先のことを考えて「不安」になり、ゲームをすることで気を紛らわしているのだと言うのです。

　だったら、通所すればよいと思うでしょう。しかし、彼は外に出るたびに「劣等感」を感じるのだと言います。一つつまずくと「できてあたりまえのこんなことすらできない」と自分を責め、落ち込み、現実から逃げる、それを繰り返しているのだそうです。

　ひきこもり者の多くが、こんな負のスパイラルから抜け出せないで

いることを理解し、苦しみを吐き出せるように聴く姿勢が支援者には求められます。

POINT 2　助けてと言えない

　発達障害の特性のある人の多くは、助けてと言うのがすごく苦手です。「困った。助けて」という心情をうまく話せず、代わりに「親が悪い」という表現をしてしまうことで、関係が悪化していきます。

　一方、親が発達に問題を抱えている場合も多くあります。その場合、親は子どものほんの一部分しか見えておらず、その視野の外から助けを求められたとしても、聴くことができません。それが続いて、ネグレクトに近い状態に陥るケースもあります。

　支援者はどうでしょうか。親と一緒になって表面的な問題に囚われ、何とかしようとして、かかわればかかわるほど問題が大きくなってしまってはいないでしょうか。支援者として中核となる困りごとを見極める姿勢がないと、言語化された事柄（表面的な問題）に振り回された対応になりがちです。

ICAシートの視点で
コミュニケーション場面を分析する

◉長男の思い

長男になったつもりで、心の声を考えてみます。

- みんなですぐに「働け」と追い詰める。
- 働きたくても働けないことを理解してくれない。
- 俺が困ったとき何もしてくれなかったくせに、自分が困ったときだけ俺を頼るのはやめてほしい。

［ケアマネジャーに対して］
- 経済的な問題？ いまの俺にどうしろと言うのか。
- お前も親の味方か。そうやって俺を追い込む。
- なぜ他人が、親と自分の問題に入り込むのか。
- 説教や正論で追い詰めるな。余計に苦しくなる。

⬇ わかること

「首を吊って死んでやる」というのは「就労しろと言われるのは、死ぬしかないと思うくらい苦しい」という叫びだと思います。その苦しさを誰も理解してくれず、なおも働けと追い詰められ、感情のコントロールができなくなっていると考えられます。

◉長男の特性

これまでの情報から特性をアセスメントします。

- 収集癖（フィギュア）がある。
- 部屋が片づけられない。

- 自分の困りごとが言語化できず、さまざまな問題を親のせいにする。

🔻 **わかること**

衝動性（衝動的に人を傷つけるような発言をしてしまう、衝動買いしてしまう）、不注意（部屋が片づけられない）はADHDの傾向があると考えられます。親からは叱責され続けてきたかもしれません。仕事においても、ミスが多いなどの問題があったのかもしれません。ADHDの生きづらさは本人の能力の問題と思われることが多く、理解されません。働けない理由を「事故の後遺症が原因」とするのは、そうした現実を受け入れられず否認しているからだと考えられます。

◉長男が一時的に感じるメリット

自身の言動によりどんなメリットがあるのでしょう。

- 働けない理由を事故の後遺症にすることで、過去の就労時のつらさから逃れることができる。
- 親のせいにすることで現実に向き合わないで済む。
- 働くことがつらいとは伝えられている。
- 「死ぬ」と言うことで、親は腫れものに触るような態度をとり、働かなくて済む。

🔻 **わかること**

過去の就労時のつらかった体験やいま働けない原因が自分ではなく親にあるととらえることで、現実の問題に向き合わなくて済んでいます。罵声によって親を黙らせ、いまの生活を維持し続けることができます。

◉この状態が繰り返されることのデメリット

メリットの裏で、長期的にはどんなデメリットがあるのでしょう。

- 本当の生きづらさが理解されることはない。
- 親との対立関係が続き、暴言を吐くしかなくなる。
- 「仕事」の話で怒りスイッチが入ってしまう。
- 親の行動を支配し、関係が崩れ、家族が疲弊する。

わかること

　仕事の話が出ただけで、過去のつらかった体験が思い起こされ、怒りスイッチが入ってしまうのだと思います。そして暴言を吐き、親を黙らせることで一時的には楽になりますが、事態は悪化するばかりです。

◉コミュニケーションの悪循環

　働かないのは悪いこと、親に介護が必要でお金がかかるのに、なぜ働かないのかというメッセージに、生きづらさがあって働けない長男が反発する。本来、長男が働くことと、介護でお金が必要なことという別の問題を、一緒にすることで悪循環が生じてしまっているのではないでしょうか。

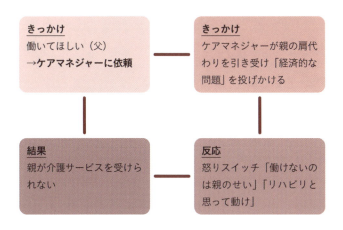

今後のコミュニケーションと支援のポイント

※番号は174頁のコミュニケーション場面のものを指します。

　このケースは、親に介護が必要なことと、長男に何らかの生きづらさがあって働けないことを一緒にすることで問題整理ができなくなってしまっていると感じます。父親から「自分が言うと怒るのでケアマネから言ってほしい」と頼まれていたとありますが、親の困りごとを肩代わりすることが支援ではありません。

　このケースの場合、長男が何らかの生きづらさを抱えて困っている。父親はそんな長男を理解できず、働かそうとしてもうまくいかずに暴言を吐かれて困っているのです。困りごとはそれぞれにあるので、受け入れられることから一緒に考えていくということが、コミュニケーションのうえで最も大切な視点だと考えられます。

> コミュニケーション場面 **7** はこうする

「こうあるべき」はいったん捨てる

　6長男の「……リハビリだと思って動けばできるんだよ！」という言葉に対して、その叱責を止めるつもりで**7**「ご長男さんは……経済的な問題はいかがお考えですか？」と話に割って入りましたが、**8**「自分が普通に働けないのは親のせいだから……親が死んだら自分も死ぬから放っておいて！」と逆効果でした。

　ここでは、こうあるべきというケアマネの価値観は捨て、本人の働けない理由に共感し、本人の声に耳を傾けるべきでした。否定するの

ではなく、対話していくことで長男のつらさが見えてきます。

【例】

「交通事故が原因で歩行に支障をきたしてしまったことや顔の傷のことがあって、働くことが難しくなられたのですね」
「事故の前はどのようなお仕事をされていたのですか。さきほど、親が勝手に仕事を決めたと言われていましたが、どのような経緯でその仕事をされることになったのか聞かせてください」

> コミュニケーション場面 9 はこうする

苦悩に正面から向き合う

9「ご自身が働けない怪我の原因がお父様に関係しているということですか？」という発言から10「……俺の話を聞かずに勝手に仕事を決めて、事故を起こしたんだ。責任は取ってもらう。……自分でやれよ！」と親への恨み、つらみへと発展し、会話にならなくなっています。

ここでは、長男と正面から向き合い、その苦悩に触れ、心の手当てをしていくコミュニケーションが大切だと言えるでしょう。

【例】

「過去において、ご両親に理解してもらえず、つらい思いをされてきたのですね。私は、あなたを働かせようということではなく、これから先のことをどうしたらよいのかを一緒に考えたいと思っています。現実問題として、親は歳をとっていきます。その不安は計り知れないものだろうなと感じています」
「親は心配なあまりにあなたを働かそうとする。それって、不安を煽られた感覚になりますよね」

Case #3
入浴をせず食事もあまりとらない次男への対応

【ケースの概要】
家族構成：父親（80代）、次男（40代後半）の父子家庭
かかわりのきっかけ：要支援の父親を担当したこと

【家族の現状】
長男：結婚して県外におり、年数回の訪問。
次男：大学卒業後、就職したが上司のパワハラで会社を辞め、その後、ひきこもりとなった。
母：認知症で2年前に特養へ入所。
父：70代後半で脳梗塞を発症。軽度の麻痺があり家事が行えず、訪問介護を利用（要支援2）。

事例でみる 家族・本人とのコミュニケーション

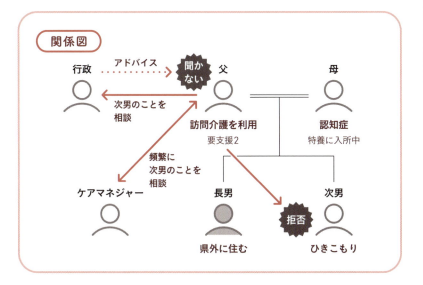

●難しいと思う状況

- 父親は次男を何とかしたいと考え、行政に相談するが、職員のアドバイスを聞かず、自分の思い通りに行動してしまい、周囲は振り回されている。
- 次男は父親のかかわりを強く拒否している。
- キーパーソンとなる長男が遠方におり、かかわりも薄いため電話でしか話す機会がない。
- 父親は次男の相談で何度も電話をかけてくるうえ、モニタリングでも次男の話が延々続く。

●次男の特徴

- 大学を卒業後に大手通信会社に就職したが、上司からのパワハラにより会社を休みがちになり、その後、退職して自室にこもるようになった。
- 日中何をしているか不明。父親の話では数か月入浴をしていない。排泄もトイレではなく自室でビニール袋等に済ませている。
- 母親が自宅にいた頃は母親の料理を食べていたが、いまは冷蔵庫の物を時々食べる程度。
- 父親とドア越しに言い争い、周囲に構わず大声で怒鳴り声を上げることがある。

【 難しい場面のコミュニケーション 】

場面／状況 ▶ モニタリング訪問時に父親から次男と「今後の生活」について話し合ってほしいと求められ、断り切れずに2階の次男の部屋まで行き、声をかけた。

父 ❶次男の部屋のドア越しで声をかける。「少し出てきておくれ。ケアマネさんと話してみよう」

次男 ❷「うるさい！ 入るな！」と怒鳴り声が返ってくる。

父 ❸振り返ってケアマネに「いつもこの調子です。私は息子のことが心配でどうすればいいのかわからない」と落ち着きがなくなっている。

CM ❹父親に代わってドア越しに声をかける。「こんにちは。ケアマネのMです。お食事もとられていないと聞きました。少しお話してみませんか？」

次男 ❺少しの沈黙の後「何しに来た？ 何であんたが親父の代わりに話をするんだよ？ お前も部屋から出ろって説教しに来たのか？」

CM ❻「説教なんてしませんよ。お父様からご様子を聞いて心配しています。少しお顔を見せてもらえますか？」

父 ❼二人のやりとりを後ろで黙って聞いている。

次男 ❽しばらく沈黙の後、ドアを少しだけ開けてこちらをうかがう。長髪に髭を生やし、体臭がきつく、尿臭も強い。何より痩せているのが服の上からも見てとれる。

CM ❾「開けてくださりありがとうございました。あんまり食欲がないみたいですが、何か食べたいものはありますか」

次男 ❿「買ってきた弁当ではなく、おいしいものが食べたい」

父 ⓫ケアマネの返事を待たずに「ヘルパーさんに何か作ってもらおうか？ それとも出前を取るか？」と次男へ声をかける。

次男 ⓬父親の声かけにまた怒り出す。「口を出すな！ この人と喋ってんだよ！」と強い口調で話し、父親の手は借りたくない様子が伝わってくる。

※CM＝ケアマネジャー

> **【その時の自分（ケアマネ）の気持ち】**
>
> ❽怒鳴り声に恐怖を感じる（怖い。声かけるの嫌だな。出てきたらどうしよう）。
> ❿意外な回答に少し驚くが、話を続けるために方法を考える。
> ⓬父親の声かけは次男には逆効果だ。父親がいると話はしてくれなさそうだけど……。

事例理解・対象者理解のポイント

POINT 1　孤独の理解

　孤独の問題は、いま世界中で注目されています。社会とつながりをもたない人の健康リスクは高いといわれ、早期死亡リスクが50％上昇するという研究もあります。孤独がストレスになることは、みんな直感的にわかっていることだと思いますが、ではどうして、ひきこもり者は自らの意思で孤立するのでしょうか。

　私は、「本当は一人でいたいわけではなく、誰かと話をしたり、つながりたい」という思いや葛藤を抱いているのではないかと思っています。しかし、**他人や社会との関係をうまくつくれない「生きづらさ」があるがゆえに、自分の求める人間関係の質と量が満たされず、孤立せざるを得なかった**のではないでしょうか。

　「つながりたいけど難しい」「つながろうとするとトラブルになる」そんな思いを巡らせ、自己否定を繰り返しながらも、救いの手を差し伸べてくれる人が現れることを待っているのだと思います。

POINT 2　相手の歩調に合わせる

　人は孤立せざるを得ない状況では、他者を寄せつけないようにしたり、これ以上傷つかないように自分を守ろうとしたりするものです。そこに、突然、支援者が現れ、介入しようとしたら、それは恐怖でしかありません。簡単に他者を受け入れられないのは当然のことです。**暴言や拒絶は、「恐怖」「不安」からくるものだということを念頭に置き、相手のペースに合わせながらかかわっていく必要があります。**

　現在筆者は、50代前半でひきこもり歴20年の男性のアウトリーチをしています。声かけに全く反応がないため、「父親に何かあったときは私がいる」ことだけを伝えました。本人の前で家族と他愛のない話をすることで、髭剃りや家族と話すなどの変化が少しずつ出てきました。そして、先日、部屋から出てきて、私の横を通ってトイレに行かれました。心が動き始めた瞬間です。相手が自分にとって安全な人であることがわかって初めて受け入れることができたのだと思います。相手の歩調に合わせた支援が何より大切だと思います。

ICAシートの視点で
コミュニケーション場面を分析する

◉次男の思い

次男になったつもりで、心の声を考えてみます。

- お前（父親）とは話をしたくないと言っているのがわからないのか。
- （父親は）心配するふりをしているだけで何もわかっていない。俺のことに口出しするな。

［ケアマネジャーに対して］
- お前も父親に言われたから来たんだろう。いったい何しに来たのか。
- 父親と一緒になって俺を何とかしようと思っているのだろうが、そうはいかない。

⬇ わかること

父親から言われて自分に会いに来た。つまりケアマネジャーは父親の味方であり、自分にとっては敵だと感じてしまったのかもしれません。ケアマネジャーが嫌々声かけをするとその態度は敏感な次男に伝わってしまいます。そのため「お前も説教に来たのか」と拒否的な態度を示したのだと思われます。

◉次男の特性

これまでの情報から特性をアセスメントします。

- 父親のかかわりに大声を上げ、暴言を吐く。
- パワハラ：就労場面で、注意を受けるような生きづらさがあったのかもしれない。

- 生きる力の低下：食事をしない。部屋で排泄。整容できない。

🔻 **わかること**

ひきこもりの長期化によって、生きる力が低下しています。部屋から出てこない生活になってしまうのは「自分を理解しようとしない父親」と顔を合わせたくないからです。顔を合わせればイライラのスイッチが入って喧嘩になることを避けるためです。もともと次男はどのような人だったのか。いまの問題ばかりに囚われずに生きづらさを理解していくことが大切です。

◉次男が一時的に感じるメリット

自身の言動によりどんなメリットがあるのでしょう。

- 暴言を吐くことで、自分にとって害になる人を寄せつけない。
- 部屋に踏み込んでほしくないことは伝えられた。
- 自分のことを責められずに済んだ。

🔻 **わかること**

次男にとって、自分の部屋が唯一の安全地帯であり、そこに誰にも踏み込ませないようにするために暴言を吐き、守ろうとしたのだと思われます。それほど、家の環境が安全ではないということなのです。

◉この状態が繰り返されることのデメリット

メリットの裏で、長期的にはどんなデメリットがあるのでしょう。

- 次男の本当の苦しみは、誰にも理解されないために、ますます孤立してしまう。
- 食事もせず、生きる力が落ちていくばかりで、身体疾患を発症するリスクも高くなってしまう。
- 父親が何とかしようとした働きかけは、問題解決にはならず、むし

ろ親子の関係は悪化してしまう。

わかること

現在の状態は、生活環境や栄養状態が悪化しているのに改善する気力もなく周囲に助けが求められない、自分の命すら危ういセルフネグレクト状態です。だからといって、本人を助けるためなら何をしてもよいわけではありません。本人にとっての安全圏域に土足で踏み込むような強引な態度ではなく、不安な気持ちを理解しながらかかわっていくことが大切です。

◉コミュニケーションの悪循環

父親が本人に直接働きかけても喧嘩が絶えず、正論や一般常識ばかりで、次男は追い詰められています。そこに父親の味方としてケアマネジャーがやって来たことで、「不安」が刺激されてしまい、「暴言」に変換されてしまったのだと思います。

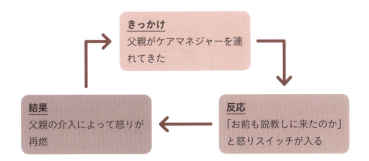

今後のコミュニケーションと支援のポイント

※番号は184頁のコミュニケーション場面のものを指します。

　父親は、このままではいけない、次男を何とかしたいという思いで動いています。親として当然のことではありますが、自分中心で次男の思いを理解しようとする姿勢はありません。焦るあまり、結果として追い詰めることしかできていないために次男は暴言を吐き、部屋から出られず、コミュニケーションが取れなくなっています。この悪循環を変えていくことが大切です。ケアマネジャーが親の味方になってしまうとその悪循環がより強化されてしまい、抜け出せなくなってしまいます。

　ここでは、次男に「ケアマネジャーは味方だ、安全だ」と思ってもらえるようなかかわりが必要です。次男の歩調に合わせる支援を考えていきましょう。

　この場面であれば、ケアマネジャーだけで2階に行き、声かけをすることも一つでした。仮に、父親を責めるような発言から始まったとしても、一歩引いて、巻き込まれることなく対応をすることが大切です。

> コミュニケーション場面 ❸ はこうする

警戒を解くかかわり

　❸で、父親が「いつもこの調子です。私は息子のことが心配でどうすればいいのかわからない」のあとで❹ドア越しにケアマネジャーが声かけをした場面から、❺「何しに来た？　何であんたが親父の代わ

りに話をするんだよ？ お前も部屋から出ろって説教しに来たのか？」と怒りの反応を引き起こしています。これは、ケアマネジャーがどんな人なのかを試している言動でもあり、大切な局面です。言い換えれば、自分自身をどの程度まで受け止めてくれるのかを探っている行為です。ここで食事摂取をしていないことを心配していると伝えたのはよかったと思います。さらに、相手の警戒を解くような声かけができれば、よりよかったのではないかと思います。

【例】
「突然知らない人がやってきたら、何かされるのではないかと思われるのも当然のことだと思います。説教とかそんな気持ちは全くありません。お父さんから、最近お食事をされていないとお聞きしたので、お体の具合が悪いのではないかと心配なだけです」

> コミュニケーション場面**11**はこうする

両者を否定しないかかわり

　また、父親が割り込んできて話がこじれてしまうような場合は、事前に「お父さんが息子さんのことを心配されるお気持ちはよくわかりますが、親子だと喧嘩になってしまうので、息子さんと二人でお話をさせてもらえませんか」とお願いをしておくことも大切です。
　ここで大切なのは、まず両者の気持ちに共感したうえでの提案です。今回のように一緒にいる場面で割り込んでこられた場合においても「せっかく息子さんがドアを開けてくださったので、私と息子さんで話をさせてもらえませんか」と声かけをしてみてはいかがでしょう。父親の肩も次男の肩も持たない中立な態度をとること、両者を尊重する姿勢が「信頼できる人」として心を動かしていきます。

Case #4
生活困窮だが、相談できない母娘への対応

【ケースの概要】
家族構成：母親（70代後半）、長女（40代前半）の母子家庭
かかわりのきっかけ：要介護の母親を担当したこと

【家族の現状】
長女：30代の頃、父親の介護をきっかけに離職。その後、ひきこもりとなった。
母：認知症の疑いがあるが未受診。デイサービスを利用。
父：15年前に亡くなる。

事例でみる 家族・本人とのコミュニケーション

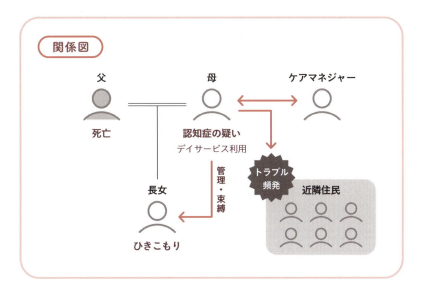

●難しいと思う状況

- 母親は認知症の周辺症状による近隣とのトラブルが頻発している。
- 経済的に困窮しており、家賃の滞納からアパートの大家に立ち退きを迫られている。
- 住居問題を解決するため、ケアマネジャーは長女に就職や制度利用を勧めるが、事態が進展せず焦りを感じている。
- 母親は長女の行動で何か気になることがあると、そのことに執着して管理的に行動してしまう。

●長女の特徴

- 短大卒業後はスーパーで働いていたが、父親が病気で介護が必要になった頃に介護離職をする。
- 母親から束縛を受け、父親の介護を一人で行う日が続き、買い物以外は家から出ることがなくなった。
- アパートの一室が自室だが、日中、何をしているかはわからない。体臭が強く、髪の毛も脂で固まっており、入浴は何か月もしていない模様。

【 難しい場面のコミュニケーション 】

> **場面／状況** ▶ 長女、本人とサービス利用料金の支払いや経済的な問題を話し合うなかで、今後の生活のために、長女に生活困窮支援の窓口に相談することを勧めた。

- **CM** ❶「今のままでは生活自体が難しくなってしまいますよ。早く生活困窮支援の窓口に行って就労の相談をしてみませんか」と提案。
- **長女** ❷「そうですね、お金は困っています。家賃も払えず家を出されたら行くところがないです」と静かに答えて沈黙する。
- **母** ❸長女が責められていると思ったのか「この子はね、優しい子なんです。何かを言いつけるのはやめて！ ウチのことは大丈夫です。ご心配なく！」と長女をかばう発言をする。
- **CM** ❹再度、長女に「家を出ることになったら大変ですよね。早く動かないと」
- **長女** ❺「そうですね……」と答えるが、また沈黙する。
- **母** ❻長女に「心配いらないよ。大丈夫だから」
- **CM** ❼長女に就労ができなくなった理由を聴いてみる。「以前はどのような仕事をされていたのですか。辞めた理由はお父様の介護のためかしら？」
- **長女** ❽「父さんの介護もあったけど、母が職場まで電話してきて『仕事が終わったら何時のバスに乗って帰りなさい』といちいち自分の行動を指示されるので働けなくなった」
- **母** ❾長女の回答に「仕事が終わったら家事もしなくちゃいけないしねぇ。バスに乗ったときも連絡をよこしていたんですよ。この子は」と話す。
- **長女** ❿顔色が変わる。「私は毎日連絡されるのがつらかった。本当は家を出たかった」
- **母** ⓫顔色も変わる。「何を勝手なことを言ってるの？ 何であなたが家を出るの？」と口調が厳しくなる。
- **長女** ⓬母の厳しい口調に不安な表情で黙り込む。
- **CM** ⓭長女に「やっぱりお仕事しませんか？ 経済的にも必要だけど、あなたもまだ年齢相応に働けるわ」
- **長女** ⓮下を向きながら「できない、できない……」と絞るように声を出す。

※CM＝ケアマネジャー

【 その時の自分（ケアマネ）の気持ち 】

8 長女の話に少し驚く。束縛されているとは長女から聞いていたが、そこまでされたら職場にいるのも厳しいかも。長女も嫌だとは言わなかったのかしら。

14 母娘のやりとりから共依存的な雰囲気を感じる。母親から離れる時間をつくるように促そう。

事例理解・対象者理解のポイント

POINT 1　メタメッセージを意識する

　私たちの言動には、少なからず「表」と「裏」があります。言葉として伝えるメッセージにおいても「言葉に出されたもの」と「言葉の裏に隠された暗示的なもの」の2種類があり、後者をメタメッセージといいます。これは、「その言葉が持つ本来の意味とは別の意味を表すメッセージ」のことで、その言葉には「本来はこういうメッセージが隠れている」あるいは「察してほしい」といった意味合いが含まれています。

　たとえば、友人との待ち合わせに遅刻をしてしまったとき、相手から「大丈夫。気にしていないよ」と言われたとします。しかし、相手の表情がどう見ても強張っていて、「本当は、気にしているよね」と感じたことはありませんか。この場合、「大丈夫」という言葉の裏に「いま何時だと思っているの？　大丈夫なはずはないでしょう」と言葉には表現されていない相手の気持ちが隠されています。これがメタメッセージなのです。そのときの表情、声のトーン、雰囲気、話し方などがどうであったか。そもそも対象者の普段のコミュニケーションのとり方を知っておかなければ、相手の気持ちを理解することはでき

ないと思います。

　この例の場合は、わかりやすく伝わりますが、言葉を発する人が、自分の感情に気づいていない場合や気持ちを言語化するのが苦手だった場合は要注意です。私たちが言葉通りに受け取り、相手に理解してもらえたと思っていたのに、相手が一向に動かない。こうしたとき、動かないのは相手に問題があると、責めるような態度をとってはいないでしょうか。言葉では責めるような表現をしていなくても、メタメッセージに「約束しましたよね。なぜ動かないのですか」といった感情が含まれていないでしょうか。おそらく相手も、わかりづらいけれどメタメッセージを発しているはずです。**私たちは「否定」や「責め」をメタメッセージとして伝えてしまっていないか振り返るとともに、相手が何を伝えようとしているのか、言葉にはない思い、心の声に耳を傾けてみる必要があると思います。**

ICAシートの視点で
コミュニケーション場面を分析する

◉長女の思い

長女になったつもりで、心の声を考えてみます。

- この母親がいる限り私は動けない。
- 母親はこのままでいいと言うし、ケアマネジャーは真逆のことを言う。いったいどうしたらよいのか。

［ケアマネジャーに対して］
- 私が働いたら、お母さんの面倒は誰が見るの？
- 就労経験があるからといって働けるわけではない。それが難しいことは自分が一番わかっている。
- 何をどうしたらよいのかわからない。たくさんの指示を出さないで。

🔻 わかること

親に束縛され、言われるがままに生きてきた長女にとって、自分の考えで行動を起こすこと自体が難しいのかもしれません。親は子どものためを思って心配のあまりとってきた行動なのかもしれませんが、子どもにとっては迷惑な話です。それと同様にケアマネジャーが「あなたのため」を押しつけたとしたらどうでしょう。親とケアマネジャーの双方からの「あなたのため」にうんざりしてしまうのではないでしょうか。

◉長女の特性

これまでの情報から特性をアセスメントします。

- 外出したり、人とかかわることが苦手。
- 順序立てて理解し、行動をすることが難しい。

🔻 **わかること**

「複数の指示を出されると優先順位を考えて行動することが難しい」「一部だけしか見ることができず、全体をとらえることができない」といった特性が考えられ、混乱し、動けないのかもしれません。関与しながら観察をしないと「生きづらさ」は見えてきません。

◉長女が一時的に感じるメリット

自身の言動によりどんなメリットがあるのでしょう。

- 経済的に困っていることは伝えられた。
- 母親の束縛によって余儀なく退職に追い込まれたというつらい体験を話せた。
- 働くことありきのかかわりに対し「できない」ということが伝えられた。

🔻 **わかること**

いまの生活に満足をしているわけではなく、長女なりに困っているということの発信はできている。自身のつらさをわかってほしいといった思いも表現できた。

◉この状態が繰り返されることのデメリット

メリットの裏で長期的にみてどんなデメリットがあるのでしょう。

- 長女は、ケアマネジャーが生活困窮支援の窓口に行くように勧めるのは、自分を働かせようとするためだと受け取り、苦しさやつらさといった負の感情が増し、追い詰められる。
- ケアマネジャーは長女を何とかしようと説得を繰り返してしまい、

結局、解決には至らない。
- わかってほしいという思いを誰も受け止めることができないために、長女は絶望的な気持ちになる。
- 「相談に行け」と言うケアマネジャーと「このままでよい」と言う母親の言動の狭間で混乱する。

▼ わかること

ケアマネジャーの思考過程は「生活困窮（ニーズ）→長女が働いたら問題は解決する（アセスメント）→生活困窮支援窓口が浮かぶ（サービス）→窓口に相談に行くように説得する（コミュニケーション）」になっています。それに対して、長女は声を絞るようにして「できない」と訴えています。サービスにつなぐ前に、どのような生きづらさに困っているのかを想像し、心の声に耳を傾け、対話を広げることが大切です。

◉コミュニケーションの悪循環

ケアマネジャーが状況を打開しようと焦れば焦るほど、長女は決断できずに、動けなくなっていきます。

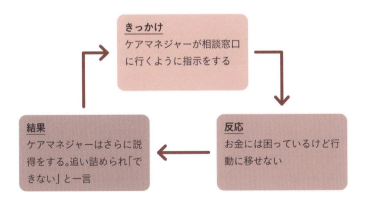

今後のコミュニケーションと支援のポイント

※番号は194頁のコミュニケーション場面のものを指します。

　ケアマネジャーの「今のままでは生活自体が難しくなってしまいますよ」「家を出ることになったら大変ですよね。早く動かないと」といった発言はすべて否定的です。現実を突きつけ、このままではダメでしょう、いったいどうするつもりなのといったアプローチは、不安をあおり、足におもりをつけて動けなくしてしまっているようなものです。動けと言いながら動けなくさせているのは支援者かもしれません。

「あなたもまだ年齢相応に働ける」は、一見励ましたように思えるかもしれません。しかし、このメタメッセージは「あなたの年齢なら十分働けるのに、働こうとしないなんてダメ。生活も困っているのだから働いたらどうなの?」ではないでしょうか。信頼関係ができていない人からの大丈夫といった言葉や根拠のない励ましは心に響かないのではないでしょうか。

> コミュニケーション場面 ⓭ はこうする

批判的ではないかかわり

　❿の「毎日連絡されるのがつらかった。本当は家を出たかった」という話から、母親が⓫で「何を勝手なことを言ってるの? 何であなたが家を出るの?」と自分中心の考え方を押しつけています。おそらく、言ってもわかってもらえないのならば口を閉ざすしかないとあきらめ、喋らなくなっていくのが、この母娘のコミュニケーションパターンだと思います。そこで⓭「やっぱりお仕事しませんか?」と提案するようでは、共感的理解もなく、母親と同じに映ってしまうのではないでしょうか。

【例】

「職場に何度も電話があったら周囲の方に気を使いますよね。それは、どんな内容だったのですか」「自立したいと思って頑張っていたのに親に束縛されたり、介護もあったり、どうしていいかわからずに一人で苦しかったのですね」と気持ちに寄り添うように対話をしてはいかがでしょう。もし、母親が横から自己主張をしてきたならば、「お母さんは娘さんのことを思っての行動だったのですね（本人なりの理由を否定しない）。でも、結果として仕事を辞めざるを得なくなって、娘さんは苦しかったのですよ（娘の気持ちの代弁）」と対応します。このように、中立的で批判的ではない言葉遣いを心がけましょう。

> コミュニケーション場面 **2** **14** はこうする

アンビバレントの理解

　また長女は「相談に行かないと現状は変わらない」という思いと「働くなんて無理、相談には行けない」といったように相反する感情を同時に抱いています。これをアンビバレントといい、行動にさまざまな影響を与えてしまいます。**2**と**14**の場面の発言がアンビバレントといえます。それをうけて以下のように伝えるべきでした。

【例】

「『家賃も払えなくなったら追い出されるかもしれないので相談に行かなきゃ』という思いと『働くことが難しいから相談に行けない』という気持ちで、押しつぶされそうになって、どうしたらいいのか不安なのですね。そんな気持ちを理解せずに、相談に行くことばかり勧めてごめんなさい。どんなことが不安なのか聴かせてもらえますか」

著者紹介

山根俊恵（やまね・としえ）

山口大学大学院医学系研究科保健学専攻教授（精神看護分野）。総合病院精神科、精神科病院、在宅介護支援センター勤務を経て、2004年より大学教員となる。山口大学医学部SDS支援システム開発講座教授、株式会社いちから取締役、宇部市障害者ケア協議会発達障害者部会会長などを務める。看護師、精神科認定看護師、介護支援専門員、相談支援専門員、認知症ケア専門士の資格を持つ。2005年に、精神障害者の居場所の提供や就労支援などを行う「NPO法人ふらっとコミュニティ®」を立ち上げ、2015年に宇部市の委託を受け、全国初の取り組みとしてひきこもり支援を本格的に開始。伴走型支援である「山根モデル」の実践は、多くのメディアに取り上げられ、現在は市民向けの公開講座や支援者教育、支援体制づくりにも尽力する。2018年保健文化賞受賞。主な著書に『ケアマネ・福祉職のための精神疾患ガイド』『チームで取り組むケアマネ・医療・福祉職のための精神疾患ガイド』『親も子も楽になる ひきこもり"心の距離"を縮めるコミュニケーションの方法』（ともに中央法規）。

編集協力

中村匡宏（なかむら・まさひろ）

横浜市六浦地域ケアプラザ地域包括支援センター
主任ケアマネジャー

8050問題
本人・家族の心をひらく
支援のポイント

2024年9月15日　発行

著　者	山根俊恵
発 行 者	荘村明彦
発 行 所	中央法規出版株式会社 〒110-0016　東京都台東区台東3-29-1 中央法規ビル TEL　03-6387-3196 https://www.chuohoki.co.jp/
A D	細山田光宣
デザイン	能城成美（細山田デザイン事務所）
イラスト	コルシカ
印刷・製本	日経印刷株式会社

定価はカバーに表示してあります。
ISBN978-4-8243-0110-9

本書のコピー、スキャン、デジタル化等の無断複製は、著作権法上での例外を除き禁じられています。また、本書を代行業者等の第三者に依頼してコピー、スキャン、デジタル化することは、たとえ個人や家庭内での利用であっても著作権法違反です。
落丁本・乱丁本はお取り替えいたします。
本書の内容に関するご質問については、下記URLから「お問い合わせフォーム」にご入力いただきますようお願いいたします。
https://www.chuohoki.co.jp/contact/